BIBLIOTHÈQUE CHINOISE

Collection dirigée

par

ANNE CHENG

Professeur titulaire de la Chaire d'histoire intellectuelle de la Chine au Collège de France

MARC KALINOWSKI

Directeur d'études à l'École pratique des Hautes Études

STÉPHANE FEUILLAS

Maître de conférences à l'université Paris-Diderot

NOTES DIVERSES
SUR
LA CAPITALE DE L'OUEST

西京雜記

LIU XIN 劉歆

BIBLIOTHÈQUE CHINOISE

Collection dirigée par
Anne Cheng, Marc Kalinowski et Stéphane Feuillas

Édition bilingue (texte et traduction)

Parus

YANG Xiong, *Maîtres mots*, traduction par Béatrice L'Haridon.
La Dispute sur le sel et le fer (Yantielun), traduction par Jean Levi.
Dix-neuf poèmes anciens, traduction par Jean-Pierre Diény.
SU Shi, *Les Commémorations*, traduction par Stéphane Feuillas.
WANG Chong, *Balance des discours. Destin, Providence et Divination*, traduction par Marc Kalinowski.
YI I, *Principes essentiels pour éduquer les jeunes gens (Kyŏngmong yogyŏl)*, traduction par Isabelle Sancho.
Écrits de Maître Wen (Wenzi), traduction par Jean Levi.
Écrits de Maître Guan (Guanzi), traduction par Romain Graziani.
ZHU Xi, LU Jiuyuan, *Une controverse lettrée*, traduction par Roger Darrobers et Guillaume Dutournier.
Livres de morale révélés par les dieux, traduction par Vincent Goossaert.
LU Jia, *Nouveaux discours*, traduction par Stéphane Feuillas et Béatrice L'Haridon.
FAXIAN, *Mémoire sur les pays bouddhiques* (*Foguo ji*), traduction par Jean-Pierre Drège.
ZHU Xi, *Mémoire scellé sur la situation de l'empire*, traduction par Roger Darrobers.
YANG Xuanzhi, *Mémoire sur les monastères bouddhiques de Luoyang*, traduction par Jean-Marie Lourme.
LIU Zhiji, *Traité de l'historien parfait (Shitong)* (dynastie Tang), traduction par Damien Chaussende.
FUJIWARA NO AKIHIRA, *Notes sur de nouveaux divertissements comiques*, traduction par Francine Hérail.
WANG Shifu, *Le Pavillon de l'Ouest (Xixiang ji)* (dynastie des Yuan), traduction par Rainier Lanselle.
Trois pièces du théâtre des Yuan, traduction par Isabella Falaschi.
DU Fu, *Poèmes de jeunesse, Œuvre poétique I*, traduction par Nicolas Chapuis.
Écrits de Maître Xun (Xunzi), traduction par Ivan Kamenarović.

À paraître

KANG YOUWEI, *Manifeste à l'Empereur adressé par les candidats au doctorat* (1895), traduction par Roger Darrobers.

BIBLIOTHÈQUE CHINOISE

NOTES DIVERSES SUR LA CAPITALE DE L'OUEST

西京雜記

LIU XIN 劉歆

TRADUCTION, INTRODUCTION ET NOTES
PAR
JACQUES PIMPANEAU

AVANT-PROPOS
DE DAMIEN CHAUSSENDE

POSTFACE DE GE HONG 葛洪
TRADUITE PAR BÉATRICE L'HARIDON

PARIS
LES BELLES LETTRES
2016

La traduction de ce volume a été revue par Béatrice L'Haridon.
Cet ouvrage a été mis en page par Rudy Nimsguerns.
Les éditeurs tiennent à remercier Marie-José D'Hoop pour son concours en vue de cette édition.

95 bd Raspail 75006 Paris
www.lesbelleslettres.com

ISBN : 978-2-251-11022-6

AVANT-PROPOS

L'ouvrage dont Jacques Pimpaneau donne ici la première traduction en français, les *Notes diverses sur la capitale de l'Ouest* (*Xijing zaji* 西京雜記), est difficilement classable et a donc donné du fil à retordre aux exégètes chinois. La première question qu'ils eurent à résoudre fut de savoir s'il s'agissait ou non d'un ouvrage d'histoire, et, si tel était le cas, d'un ouvrage de quel type. Rappelons que l'histoire est un genre littéraire autonome ancien en Chine. On le fait en général débuter avec les *Mémoires historiques* (*Shiji* 史記) que Sima Qian 司馬遷 (vers 145-86 av. J.-C.) écrivit sous les Han occidentaux et l'*Histoire des Han* (*Hanshu* 漢書) de Ban Gu 班固 (32-92), composé au Ier siècle de notre ère, sous les Han orientaux. Parallèlement à ces textes que la tradition chinoise classa parmi les histoires officielles (*zhengshi* 正史) se développèrent d'autres types de textes, dont certains, même s'ils mettent en scène des personnages historiques, sont davantage anecdotiques et se situent à la limite de l'histoire et de la littérature. Le fleuron du genre, appelé *xiaoshuo* 小說, littéralement « menus propos », est un recueil intitulé *Nouveaux propos mondains* (*Shishuo xinyu* 世說新語) de Liu Yiqing 劉義慶 (403-444). C'est précisément dans cette catégorie des « menus propos », juste avant ce dernier ouvrage, que les auteurs du *Catalogue général de tous les livres des Quatre Réserves* (*Siku quanshu zongmu tiyao* 四庫全書總目提要)[1]

---

1. Catalogue établi à la fin du XVIIIe siècle sous le règne de l'empereur Qianlong 乾隆. Voir *Qinding Siku quanshu zongmu* 欽定四庫全書總目 (整理本), Pékin, Zhonghua shuju, 1997, p. 1835.

ont classé les *Notes diverses sur la capitale de l'Ouest*. Selon eux, les *Notes* ne sont donc pas un livre d'histoire, puisque les « menus propos » ne relèvent pas du genre historique dans leur catalogue.

Ce n'était pas le cas dans les écrits des époques antérieures. Les auteurs plus anciens semblent en effet avoir accordé davantage de crédit à la célèbre postface de Ge Hong 葛洪 (283-343), qui affirme que le contenu des *Notes* provient d'un ouvrage historique dû à Liu Xin 劉歆 (46 av. J.-C.-23 ap. J.-C.). Par exemple, dans le traité bibliographique du *Livre des Sui* (*Suishu jingji zhi* 隋書經籍志), l'ouvragc est classé parmi les livres historiques (*shi* 史), dans la sous-catégorie des « événements anciens » (*jiushi* 舊事)[2]. Chez l'historien Liu Zhiji 劉知幾 (661-721), auteur du *Traité de l'historien parfait* (*Shitong* 史通), il est mentionné dans le chapitre sur les genres annexes de l'histoire, les « écrits divers » (*zashu* 雜述). Il appartient ici au genre des « faits ignorés » (*yishi* 遺事)[2], ouvrages composés afin de combler les manques des histoires officielles (de l'*Histoire des Han* en l'occurrence). Enfin, dans le *Registre des livres du studio de la commanderie* (*Junzhai dushu zhi* 郡齋讀書志)[3] de Chao Gongwu 晁公武 (1105-1180), vaste catalogue avec notices d'une bibliothèque privée comprenant environ mille cinq cents titres, il est classé parmi les « histoires diverses » (*zashi* 雜史), une rubrique hétérogène où l'on trouve aussi bien des ouvrages bâtis sur le modèle des *Mémoires historiques* de Sima Qian, comme l'*Histoire du Sud* (*Nanshi* 南史) et l'*Histoire du Nord* (*Beishi* 北史) de Li Yanshou 李延壽 (VIIe siècle), qu'un texte comme les *Leçons politiques de l'ère Zhenguan* (*Zhenguan zhengyao* 貞觀政要) de Wu Jing 吳兢 (670-749), un recueil de séances

2. *Suishu* 隋書, Pékin, Zhonghua shuju, 1973, p. 966.

3. Liu Zhiji, *Traité de l'historien parfait. Chapitres intérieurs*, présenté, traduit du chinois et annoté par Damien Chaussende, Paris, Les Belles Lettres, 2014, p. 254.

de cour mettant en scène l'empereur Taizong des Tang 唐太宗 (r. 626-649) et ses ministres.

La question de l'auteur des *Notes* et de la date précise de son élaboration est également fort complexe, comme le montre Jacques Pimpaneau dans son introduction. Si les noms de Liu Xin et de Ge Hong sont les plus souvent cités, il existe d'autres hypothèses. Le texte serait même peut-être plus tardif et n'aurait pas été composé avant le VIe siècle de notre ère[4].

Le contenu de l'ouvrage n'aide pas à résoudre ces différentes questions. Certes, l'ouvrage porte sur les Han occidentaux (d'où l'expression « capitale de l'Ouest » qui désigne la ville de Chang'an 長安, près de l'actuelle Xi'an au Shaanxi), mais les entrées qui le composent – cent trente-huit dans le découpage de la présente édition – s'enchaînent pêle-mêle, le plus souvent sans classement, quoique l'on trouve parfois des séries d'entrées portant sur un thème commun. On peut ainsi passer, par exemple, d'une observation sur la force extraordinaire d'un prince (notule 101) au récit d'un présage (notule 102). La longueur des anecdotes est également des plus variables : on trouve aussi bien des entrées très courtes (sept caractères seulement pour la notule 135) que des textes de plusieurs pages (notule 118 par exemple). Néanmoins, la plupart des entrées sont assez brèves et comptent moins de deux cents caractères.

Dans les *Notes*, il est principalement question des hommes des Han occidentaux et de la capitale. Une trentaine d'entrées fournissent de précieuses informations sur la topographie des palais et des jardins de Chang'an, ou encore sur les cérémonies et les événements liés à la métropole. La notule 27, par exemple, dresse un catalogue détaillé des arbres du parc impérial ; la notule 24 décrit par le menu l'intérieur d'un palais et le luxe qui s'y déployait ; la notule 117 donne la liste des éléments du cortège cérémoniel d'un sacrifice officiel.

4. *Junzhai dushu zhi jiaozheng* 郡齋讀書志校證, Shanghai, Shanghai guji chubanshe, 1990, p. 242.

De nombreuses entrées ont pour objet des hommes de lettres, certaines contiennent même des extraits d'œuvres, ainsi la notule 97, qui contient plusieurs poèmes en prose (*fu* 賦), le grand genre à la mode sous les Han. D'autres entrées livrent, directement ou indirectement, des jugements qualitatifs sur les hommes de lettres les plus célèbres à cette époque (notules 80 et 81) ; d'autres encore expliquent les conditions dans lesquelles certaines œuvres connues furent composées : notule 42 sur Yang Xiong 揚雄 (53 av. J.-C.-18 ap. J.-C.), notule 44 sur Dong Zhongshu 董仲舒 (vers 179-104 av. J.-C.), notule 83 sur Sima Xiangru 司馬相如 (179-117 av. J.-C.), notule 96 sur l'historien Sima Qian. La grande majorité des entrées sont constituées par des anecdotes ou des histoires cocasses, amusantes, insolites, surnaturelles ou plus simplement informatives. Les protagonistes appartiennent quant à eux surtout aux strates sociales élevées – celles qui ont laissé une trace dans l'histoire –, depuis l'empereur jusqu'aux princes et aux lettrés, en passant par les épouses et les aristocrates de tous niveaux.

Lecture agréable autant qu'instructive, les *Notes diverses sur la capitale de l'Ouest* sont ici traduites par un grand connaisseur de ce genre de littérature, qui nous transporte dans la Rome chinoise d'il y a deux mille ans.

Damien Chaussende
(CNRS, Paris)

INTRODUCTION

L'intérêt de ce livre, *Notes diverses sur la capitale de l'Ouest* (*Xijing zaji* 西京雜記), n'est pas seulement d'être court. C'est un document sur Chang'an 長安 (actuelle Xi'an au Shaanxi), la capitale de la dynastie des Han occidentaux (202 av. J.-C.-8 ap. J.-C.), appelée capitale de l'Ouest par opposition à Luoyang 洛陽, qui fut aussi capitale à d'autres périodes de l'histoire chinoise – document intéressant notamment par ce qu'il rapporte sur le luxe et le raffinement de la vie au palais impérial. Il semble que le surplus de l'économie à l'époque, comme sous Louis XIV, servait à la magnificence de la cour pour imposer le prestige et l'autorité de l'empereur, et rendre ainsi sa position plus solide ; l'autre grande dépense était, toujours comme sous Louis XIV, la guerre, ici contre les Xiongnu, ancêtres de nos Huns, pour prévenir leurs razzias, renforcer les frontières, et même les agrandir. Cet ouvrage contient également la première version d'histoires qui seront ensuite développées et métamorphosées dans des romans, des ballades et plus tard des opéras. C'est le cas des anecdotes sur Zhao Feiyan 趙飛燕, Wang Zhaojun 王昭君, Sima Xiangru 司馬相如 et Qiu Hu 秋胡[1].

Le texte a été édité en deux fascicules (*juan*) par Ge Hong 葛洪 (283-343), qui vécut sous la dynastie Jin 晉 (265-420)

---

1. Sur Zhao Feiyan, voir les notules 24, 29, 30, 39 et 115 ; sur Wang Zhaojun, la notule 31 ; sur Sima Xiangru, les notules 38, 81 à 84 et 87 ; sur Qiu Hu, la notule 138.

et qui est connu comme auteur taoïste. Il fut réédité maintes fois par la suite, le texte étant divisé en six fascicules à partir de la dynastie Song 宋 (960-1279). Dans la postface, Ge Hong indique qu'il publie là des notes de Liu Xin 劉歆 (46 av. J.-C.-23 ap. J.-C.), fils du grand bibliographe Liu Xiang 劉向 (79-8 av. J.-C.). C'est pourquoi le *Catalogue complet des livres des quatre réserves* (*Siku quanshu* 四庫全書), établi au XVIIIe siècle, donne deux co-auteurs pour les *Notes diverses de la capitale de l'Ouest*, Liu Xin et Ge Hong.

Ge Hong déclare dans sa postface que Liu Xin avait entamé une histoire de la dynastie Han en cent chapitres, dont manquaient le début et la fin, et qu'il serait mort avant d'avoir terminé, ne laissant qu'un manuscrit sous forme de notes comme dans le présent ouvrage. Ces notes auraient été classées et auraient représenté dix volumes divisés en cent fascicules. Ce manuscrit, que possédait sa famille, aurait été repris par Ban Gu 班固 (32-92) dans son *Histoire des Han* (*Hanshu* 漢書) et il n'en aurait laissé de côté qu'une partie représentant vingt mille caractères. C'est ce reste du manuscrit que Ge Hong dit publier ici.

Si on ignore pourquoi Ge Hong a décidé d'éditer, au sens anglais du terme, ce manuscrit de Liu Xin, les chapitres externes (*waipian* 外篇) de son ouvrage le plus célèbre, *La Voie des divins Immortels* (*Baopuzi* 抱朴子), montrent que, tout en se passionnant pour le taoïsme et l'alchimie, il se préoccupait aussi de politique, de morale et de problèmes de société[2]. Il pouvait donc très bien s'intéresser à un tel manuscrit. Certains l'ont suspecté d'avoir créé un faux et d'être en fait l'auteur de ces notes sur la capitale de l'Ouest, car y figurent quelques titres officiels qui n'existaient pas sous les Han et qui ont été instaurés sous les Jin, dynastie sous laquelle vivait Ge Hong

2. Cet ouvrage a été partiellement traduit en français : *cf.* Philippe Che (trad.), *La Voie des divins Immortels. Les chapitres discursifs du Baopuzi neipian*, Paris, Gallimard, collection Connaissance de l'Orient, 1999.

On peut supposer cependant que Ge Hong ait sciemment donné l'équivalent à son époque de certains titres Han dont le nom avait changé. Ce ne sont pas des anachronismes involontaires, mais un souci d'éditeur d'adapter l'ouvrage à son époque, et ce détail ne permet pas de mettre en doute ce qu'il écrit dans sa postface. Liu Xin semble donc être bel et bien l'auteur de ces *Notes diverses sur la capitale de l'Ouest* : aucun événement rapporté n'est en tout cas postérieur à la date de sa mort et, quand il fait référence à son père, cela correspond à ce qu'on sait de celui-ci.

Liu Xin porte le même patronyme que les empereurs Han et sa famille descendait du frère cadet de l'empereur Gaozu 高祖 (Liu Bang 劉邦, r. 202-195), fondateur de la dynastie. Son père, Liu Xiang, conservateur de la bibliothèque impériale, était un lettré éminent et un grand bibliographe. Après la destruction de nombreux textes sous le règne du Premier empereur, Qin Shihuang 秦始皇 (r. 221-210), puis lors de la chute de son empire, avec l'incendie de la bibliothèque impériale qui suivit le sac de la capitale Xianyang 咸陽, il fallut reconstituer les anciens textes à partir de manuscrits retrouvés, mais en plus ou moins bon état et dans une écriture ancienne qui nécessitait tout un travail de paléographie. Liu Xiang édita les Cinq Classiques confucéens et les *Stratagèmes des Royaumes combattants* (*Zhanguoce* 戰國策), composa une bibliographie critique des livres disponibles à son époque, travail auquel participa son fils, et dont le traité bibliographique (*Yi wen zhi* 藝文志) dans *L'Histoire des Han* de Ban Gu est la reprise. Il écrivit aussi un recueil d'anecdotes de l'Antiquité, le *Jardin d'anecdotes* (*Shuoyuan* 說苑), qui constitue en fait un traité de morale politique.

Quand il était jeune, Liu Xin fit d'abord des recherches sur le *Classique des poèmes* (*Shijing* 詩經), ce qui lui valut sous l'empereur Cheng 成 (r. 32-6 av. J.-C.) d'être appelé à la cour, où il se lia avec Wang Mang 王莽 (vers 45 av. J.-C.-23 ap. J.-C.), qui plus tard allait renverser la dynastie des Han occidentaux. Après avoir participé avec son père à l'édition du *Classique des mutations* (*Yijing* 易經), il passa aux *Annales des printemps et automnes* (*Chunqiu* 春秋) ; mais tandis que son père se consacra plus de dix ans à en éditer la version en écriture moderne avec le commentaire dit de Guliang 穀梁, Liu Xin se passionna pour la version en écriture ancienne assortie du commentaire attribué à Zuo Qiuming 左丘明, dont il partageait les idées. Pour ce travail, il obtint la collaboration du secrétaire du Premier ministre qui s'intéressait lui aussi à cet ouvrage. La lecture n'en était pas facile, car il contenait beaucoup de graphies archaïques et d'expressions devenues hors d'usage. C'est à partir de Liu Xin que l'on eut une véritable édition du *Commentaire de Zuo* (*Zuozhuan* 左傳), ce qui explique pourquoi le grand historien Sima Qian 司馬遷 (vers 145-86 av. J.-C.), qui vécut un siècle avant lui, ne semble pas avoir eu ce texte à sa disposition quand il composa ses *Mémoires historiques* (*Shiji* 史記) puisqu'il rapporte les mêmes événements avec des variantes considérables. Comme Liu Xin avait édité en outre le *Classique des poèmes* avec le commentaire des Mao (*Maoshi* 毛詩) et l'édition en écriture ancienne du *Classique des documents* (*Shujing* 書經), l'empereur Ai 哀 (r. 7-1) le nomma docteur des Cinq Classiques en charge de leur enseignement. Cette nomination suscita une levée de boucliers des autres érudits qui étaient jaloux et le haïssaient, comme quoi les querelles intestines propres au monde académique ne datent pas d'hier. Le confucéen Shi Dan 史丹, grand ministre des Travaux, l'accusa officiellement de falsifier les textes de l'Antiquité et d'attaquer les anciens souverains. L'empereur l'ayant questionné sur ces accusations, Liu Xin prit peur et demanda à être muté en province, ce qui lui fut accordé. Assez vite, étant tombé malade, il démissionna. Quand Wang Mang eut pratiquement accaparé le pouvoir, comme il admirait Liu Xin, son compagnon du temps où ils étaient tous deux pages du palais, il parla de lui à sa tante, l'impératrice douairière Yuan 元 (Wang Zhengjun 王政君, 71 av. J.-C.-13 ap. J.-C.)

et celle-ci conféra à Liu Xin un titre de haut dignitaire à la capitale. Dès lors, Liu Xin se consacra à des recherches sur le calendrier et écrivit un ouvrage sur le sujet. Lorsque Wang Mang s'autoproclama empereur en l'an 8 après J.-C., Liu Xin fut nommé Maître de l'empire (*guo shi* 國師), mais perdit très vite la confiance de son mentor, qui fit exécuter ses trois fils. Liu Xin se mit à comploter contre lui, puis, ayant été découvert, il se suicida.

La postface de Ge Hong aux *Notes diverses sur la capitale de l'Ouest* pose la question de la contribution de Liu Xin à l'*Histoire des Han* de Ban Gu. Ge Hong n'aurait édité que ce que Ban Gu avait omis. Ce dernier aurait ainsi repris les neuf dixièmes du manuscrit de Liu Xin, ce qui représenterait une grande partie de son livre. Comme il a aussi repris mot pour mot, en y ajoutant quelques précisions, des chapitres entiers des *Mémoires historiques* de Sima Qian en ce qui concerne l'histoire des Han jusqu'à l'empereur Wu 武 (r. 141-87 av. J.-C.), il est plus que vraisemblable qu'il a de la même façon recopié les notes de Liu Xin en les mettant en forme. Malheureusement, le manuscrit de Liu Xin ayant été perdu, il est impossible de le confronter avec le livre de Ban Gu comme on peut le faire aujourd'hui avec celui de Sima Qian. Toutefois, Ban Gu ne s'est pas contenté de recopier les notes de Liu Xin puisqu'on peut remarquer des différences entre l'*Histoire des Han* et les *Notes diverses sur la capitale de l'Ouest*. Par exemple, il est dit dans les *Notes* que Liu Xu était mort de blessures infligées par une bête sauvage et que Liu An avait disparu dans le ciel avec des magiciens ; alors que, chez Ban Gu, que Liu Xu et Liu An s'étaient suicidés après leur tentative de rébellion[3]. Avant d'accuser Ban Gu de plagiat, il faut rappeler que, de même qu'en peinture une bonne copie est hautement appréciée en Chine, alors qu'elle est méprisée en Occident, une compilation est considérée comme une œuvre à part entière, sans oublier

3. Voir les notules 63 sur Liu An et 70 sur Liu Xu.

que dans nos universités, si copier un ouvrage est condamné comme un plagiat, en copier deux est considéré comme de la recherche.

Certains nombres énormes laisseront peut-être le lecteur sceptique ; ils signifient seulement une quantité étonnante et ne sont pas à prendre au pied du chiffre. Quand il est écrit que, sur un lac artificiel, il y avait plusieurs centaines de bateaux de guerre et plusieurs centaines de bateaux à tour de garde, ceci veut dire qu'il y en avait beaucoup et, d'ailleurs, l'auteur précise que c'est un souvenir d'enfance.

La lecture des *Notes diverses sur la capitale de l'Ouest* donne l'impression de lire l'équivalent chinois à l'époque Han d'une revue contemporaine comme *Paris Match* ou *Point de vue*, avec des nouvelles sur le train de vie des stars, les scandales des célébrités, les produits de luxe à la mode. Ce rapprochement n'est pas aussi incongru qu'on pourrait le penser : un lettré de l'époque Tang niait que ce livre soit dû à Ge Hong et disait qu'il ne s'agissait que de potins récoltés dans les ruelles… à moins que Ge Hong n'ait eu la perspicacité de tenir compte de versions qui circulaient dans ces ruelles, car, de même qu'on ne pourra écrire l'histoire de notre époque sans tenir compte de ce que racontaient de telles revues, le livre de Liu Xin édité par Ge Hong est un complément important pour qui veut connaître la vie à la capitale sous la dynastie des Han occidentaux.

Après avoir enfin éliminé son rival Xiang Yu 項羽 (232-202 av. J.-C.), Liu Bang fonda la dynastie Han en 202 avant J.-C., ce qui lui valut d'entrer dans l'histoire sous le titre posthume de Grand Ancêtre (Gaozu). Se posa alors le problème du lieu où installer sa capitale. La dynastie des Zhou 周 dans la première partie de son règne (Zhou occidentaux, 1050-770 av. J.-C.) avait sa capitale dans les environs de l'actuelle Xi'an 西安, puisque ses ancêtres venaient du nord-ouest de la Chine. Mais après les troubles de 770 avant J.-C., les empereurs de Zhou s'installèrent à Luoyang 洛陽, qui devint la capitale de l'Est par opposition à l'ancienne capitale, devenue la capitale de l'Ouest. La dynastie Qin 秦 (221-209 av. J.-C.), fondée par le souverain de Qin, royaume situé au nord-ouest dans l'actuelle province du Shaanxi, installa sa capitale dans les environs de l'ancienne capitale de l'Ouest, sur l'ancien territoire des Zhou. Liu Bang devait choisir. Son entourage lui conseilla Luoyang, car située au centre de l'empire, mais un de ses fils le persuada de préférer la capitale de l'Ouest, car mieux placée pour résister aux invasions barbares et au centre d'une vallée fertile, où pourrait s'installer une population nombreuse capable de répondre aux besoins d'une grande ville. L'emplacement de la capitale de la dynastie Qin au nord de la rivière Wei n'étant plus qu'un champ de ruines, c'est au sud de cette rivière que l'empereur Gaozu fit construire deux palais, le palais Weiyang 未央 (du Sud-Ouest) pour lui-même et, du côté est, le palais Changle 長樂 (de la Félicité durable) pour l'impératrice douairière, avec l'arsenal entre les deux. Par palais, il faut entendre non un bâtiment, mais tout un ensemble de bâtiments avec cours et jardins à l'intérieur d'une enceinte murée, donc capable d'abriter un nombreux personnel. Il n'y avait pas alors de ville proprement dite, mais un agglomérat désordonné d'habitations de toutes sortes. La ville ceinte de remparts avec de larges voies nord-sud et est-ouest fut construite sous l'empereur Hui 惠 (r. 194-187 av. J.-C.), successeur de Gaozu. Les travaux durèrent cinq ans, ce qui implique la mobilisation d'une main-d'œuvre très nombreuse. Au nord du palais Weiyang fut bâti le palais Gui 桂 (des Canneliers), et, au nord du palais Changle, le palais Mingguang 明光 (de l'Éclat lumineux), qui devaient abriter des organismes gouvernementaux. Entre ces deux derniers palais, un espace rectangulaire comprenait plus de cent habitations réservées aux nobles, aux hauts dignitaires et aux princes impériaux, puisque ces derniers, fils ou frères du souverain, avaient chacun, en dehors de leur fief, une demeure à la capitale où ils résidaient lorsqu'ils venaient rendre hommage à l'empereur.

L'entrée principale du palais Weiyang était au nord et donnait sur le quartier des nobles. Elle était flanquée de deux grandes tours de guet. L'intérieur de ce palais muré comprenait une terrasse longue du nord au sud de quatre cents mètres, large de deux cents mètres d'est en ouest, et haute en certains endroits de quinze mètres. Sur cette terrasse se suivaient du nord au sud les trois bâtiments les plus importants, celui du milieu étant le plus grand. Ils s'ouvraient sur le sud, comme le voulait le rituel impérial, et étaient réservés aux audiences et réunions que présidait l'empereur. Ce palais était situé dans le coin sud-ouest de la ville. Mais celle-ci ne pouvait s'étendre à l'ouest à cause de la rivière et le terrain s'abaissait en allant du sud au nord, si bien qu'ainsi « on montait » vers l'empereur. Au nord-ouest de la ville, il y avait deux marchés, celui de l'ouest et celui de l'est. Chacun était traversé d'allées qui se croisaient à angle droit avec au centre un bâtiment à étage pour surveiller les activités des commerçants et acheteurs. Chacun de ces deux marchés était muré et comportait deux portes, l'une à l'est, l'autre à l'ouest.

L'ensemble de la ville était entouré de remparts hauts de plus de douze mètres avec, du côté extérieur, des douves larges d'environ huit mètres et profondes de trois mètres. Le pourtour de ces remparts était long de vingt-cinq kilomètres et enfermait une superficie de trente-cinq kilomètres carrés. C'était à l'époque la plus grande cité d'Asie orientale. Son plan n'avait pas la rigoureuse symétrie qui sera celle de Chang'an sous la dynastie Tang 唐 (618-907) : le palais impérial n'était pas au centre, et, à cause d'une avenue nord-sud qui le coupait au milieu, ses bâtiments principaux étaient décalés sur le côté ; le coin nord-ouest de la ville était écorné pour garder une certaine distance avec l'affluent de la rivière Wei, la rivière Jue, qui longeait son côté ouest, ceci à cause des dangers d'inondations lors de crues. Les remparts étaient entrecoupés de trois portes à chacun des orients, soit au total douze portes. Celles-ci ouvraient sur une grande avenue nord-sud ou est-ouest. Chaque porte comportait trois ouvertures larges chacune de six mètres et, comme les traces d'ornières indiquent que les chars avaient un mètre cinquante de large, on peut en conclure que douze chars pouvaient passer de front par ces portes. Les grandes avenues à angle droit à l'intérieur des remparts avaient trois voies, celle du milieu étant réservée à l'empereur, et elles ne pouvaient être traversées qu'à certains endroits précis. L'avenue passant par la porte la plus au sud du côté ouest et celle passant par la porte la plus à l'ouest du côté nord permettaient de franchir la rivière par des ponts.

La grandeur de cette cité s'explique par la nécessité d'abriter une bureaucratie très nombreuse. Au sommet de la hiérarchie, il y avait les Trois Ducs, le Premier ministre, le Général en chef des armées et le Grand Censeur. En dessous d'eux, le gouvernement central comprenait le Grand Précepteur, chargé des rites et de l'enseignement, le ministre chargé des princes feudataires et des relations avec les barbares, le chef de la justice, le Grand Directeur de l'agriculture, chargé des impôts et des finances, le Petit Trésorier, chargé des finances privées de l'empereur et du personnel des palais, le chef des gardes des palais, le chef de la garde impériale, le Grand Cocher, chargé des écuries, des chars et des arsenaux du palais, le chef du clan impérial, chargé des membres de la famille de l'empereur. Le gouvernement central devait aussi nommer les gouvernements des principautés, car si les princes dans leur domaine se faisaient construire des palais et vivaient dans le luxe grâce aux revenus de leur fief, celui-ci était administré par un gouvernement nommé par l'empereur et non par eux. En outre, il y avait toute l'administration chargée de la capitale et celle chargée de la région environnante. Tous ces organismes comprenaient un ensemble de bureaux, secrétariats, employés subalternes.

Ceci explique que la population ordinaire n'occupait qu'un tiers de la ville, principalement dans la partie nord-est. Alors que les habitations nobiliaires s'ouvraient directement sur des avenues, les maisons des gens du peuple étaient réparties en îlots parcourus de ruelles et murés. On y entrait et sortait par une seule porte, gardée et fermée pendant la nuit, car il était interdit de circuler en dehors de ces îlots après le coucher du soleil. Puisque la population de la ville était estimée en 2 après J.-C. à deux cent quarante mille habitants, les maisons populaires, sans étage, devaient être très serrées et de petites dimensions.

À l'ouest de la ville s'étendait la forêt impériale (Shanglin 上林), plantée d'une grande variété d'arbres et qui, s'étendant fort loin, servait de terrain de chasse. Au sud, le palais des Lumières (Mingtang 明堂) était un vaste complexe rituel qui représentait la configuration de l'univers. Il comportait deux étages au-dessus d'un rez-de-chaussée. Mais on ne sait pas si celui-ci était simplement un pourtour d'arcades ou s'il comportait des salles. Les tombeaux impériaux avec leur temple étaient situés en dehors de la ville, ainsi que les temples dédiés aux principales divinités, l'Unité suprême (Tai Yi 太一), le Ciel et la Terre ; ces derniers seront ensuite transférés à l'intérieur de la capitale.

L'empereur Wu, trouvant la capitale trop petite, fit construire à l'ouest de la ville, dans le parc impérial, le palais Jianzhang 建章 (« Instauration de l'ordre »), où furent installés des organismes gouvernementaux et où étaient conservés des objets étranges venus de contrées lointaines. Sur la terrasse où s'élevait le bâtiment principal, se dressait un homme en bronze tenant au-dessus de sa tête un plat pour recueillir la rosée ; cette statue avait quarante-six mètres de haut. La porte nord du palais était flanquée de tours de guet, carrées à la base, rondes en haut, et ornées d'un grand phénix en bronze.

La répression, après l'usurpation du trône par Wang Mang entre 8 et 23, entraîna d'importants dommages dans la capitale de l'Ouest, et la dynastie des Han postérieurs transféra la capitale à Luoyang, la capitale de l'Est. Ceci explique pourquoi cette seconde partie de la dynastie Han est aussi appelée dynastie des Han orientaux, par opposition aux Han occidentaux ou antérieurs qui régnèrent avant la prise de pouvoir par Wang Mang. Le palais Jianzhang, situé à l'extérieur de la ville, fut abandonné et tomba peu à peu en ruines. À la fin des Han orientaux, il n'en restait qu'une tour de guet ornée d'un phénix. Quant à la ville, elle déclina au cours des siècles qui suivirent, et Li Shimin 李世民 (598-649), quand il fonda la dynastie Tang en 618 et s'installa à Chang'an, fit bâtir sa capitale sur un terrain proche, mais différent de celui occupé naguère par la capitale des Han.

Le *Xijing zaji* se retrouve dans une dizaine de collections d'ouvrages publiés au cours des siècles, comme la *Collection des ouvrages des Han et des Wei* (*Han Wei congshu* 漢魏叢書, éd. de 1825) et le *Catalogue complet des livres des quatre réserves du Cabinet de la Source de la littérature* (*Wenyuange siku quanshu* 文淵閣四庫全書, éd. de 1935). Je me suis servi de l'édition moderne publiée en 1985 à Pékin par la Zhonghua shuju, qui contient en annexe les références bibliographiques sur l'ouvrage ; de celle avec traduction en chinois moderne et notes de Cao Haidong 曹海東 et révision par Li Zhenxing 李振興, publiée en 1995 à Taipei par les éditions Sanmin ; et de l'édition ancienne incluse dans le *Han Wei congshu*, conservée à la bibliothèque de l'Institut des hautes études chinoises du Collège de France[4]. Elfie Heeren-Diekhoff a publié une traduction en allemand en 1981 de ce livre, mais ne connaissant pas l'allemand, je n'ai pas pu la consulter[5].

4.* *Yandanzi san juan fulu, Xijing zaji liu juan fulu* 燕丹子三卷附錄、西京雜記六卷附錄, révisé par Cheng Yizhong 程毅中, Pékin, Zhonghua, 1985 ; *Xinyi Xijing zaji* 新譯西京雜記, traduit et annoté par Cao Haidong曹海東, révisé par Li Zhenxing 李振興, Taipei, Sanmin, 1995 ; *Xijing zaji liu juan* 西京雜記六卷, édition du *Hanwei congshu*, Pékin, Hanfenlou, 1925.

5.* Elfie Heeren-Diekhoff, *Das Hsi-ching tsa-chi. Vermischte Aufzeichnungen über die westliche Haupstadt*, Weilheim, Fisher, 1981.

Les références faites aux histoires officielles suivent l'édition de la Zhonghua shuju de Pékin.

Je remercie vivement Marc Kalinowski, qui a revu l'ensemble de l'ouvrage, Béatrice L'Haridon, qui a ajouté de nombreuses notes, marquées d'un astérisque, la correctrice des éditions Les Belles Lettres, qui a rectifié de nombreuses erreurs, Qiu Dandan qui a édité le texte chinois et Rudy Nimsguerns, qui a réalisé la maquette.

J. Pimpaneau

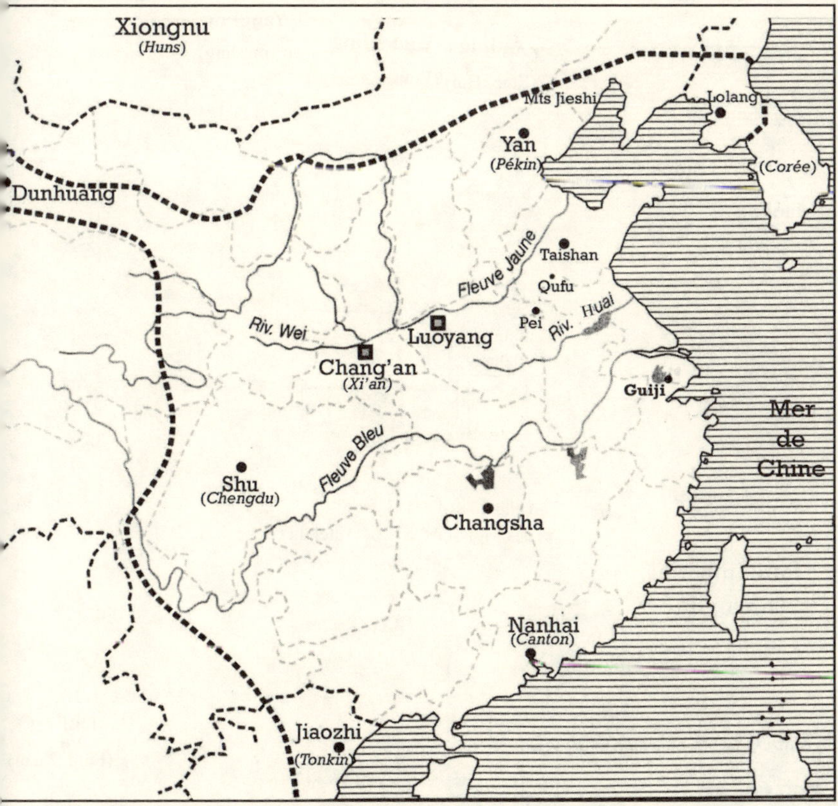

Carte 1. L'Asie orientale sous les Han occidentaux.

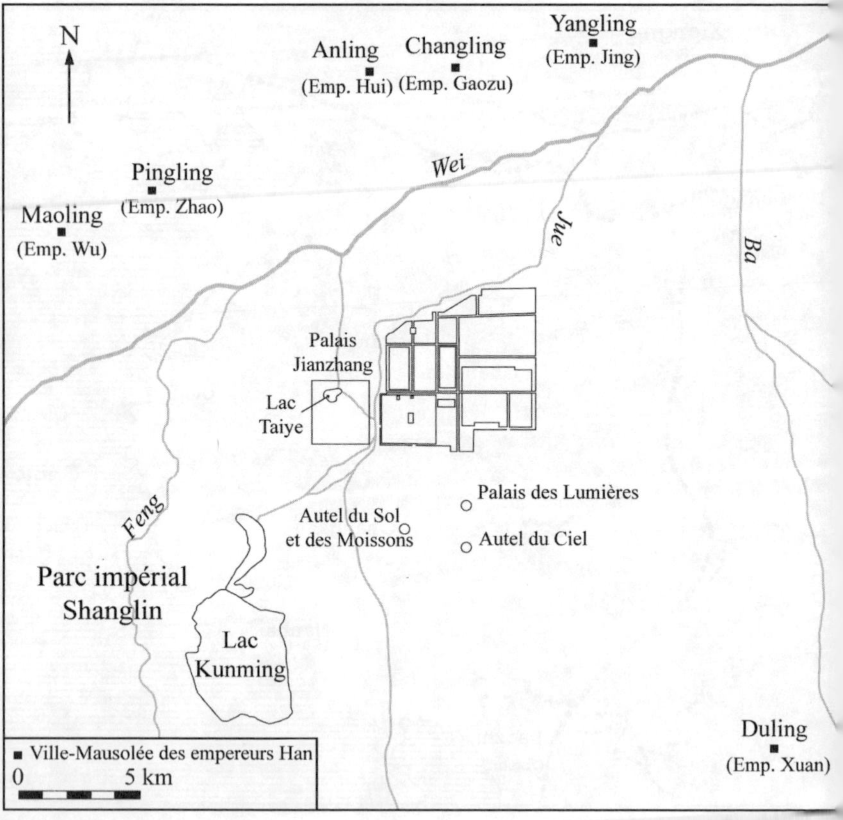

Carte 2. Les environs de Chang'an
vers la fin des Han occidentaux.

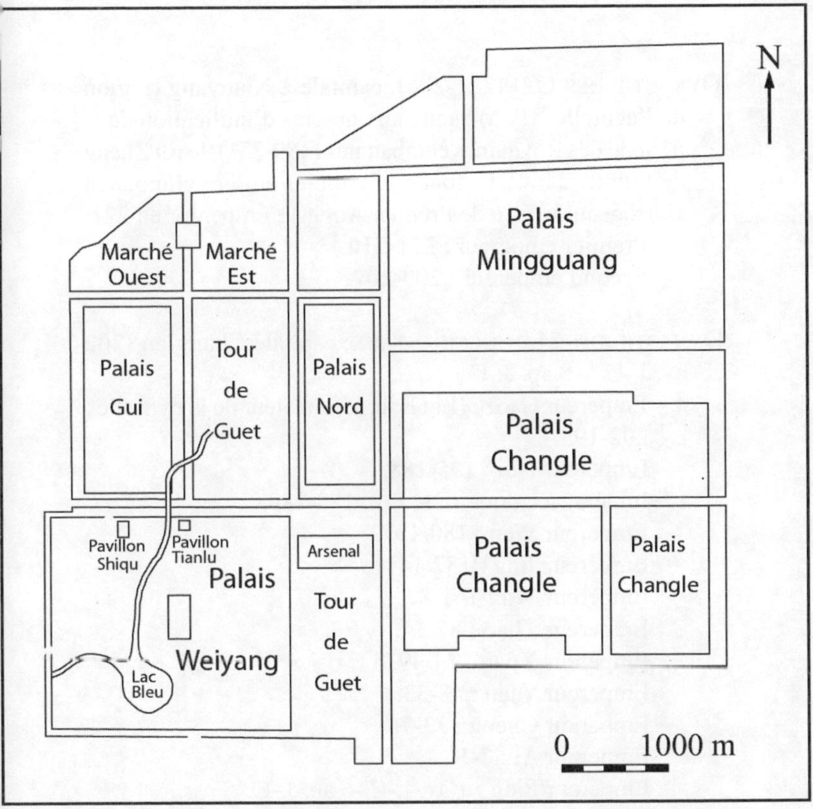

Carte 3. Plan de la ville de Chang'an
vers la fin les Han occidentaux.

CHRONOLOGIE

DES QIN ET DES HAN OCCIDENTAUX

DYNASTIE DES QIN (221-206), capitale à Xianyang (région de l'actuelle Xi'an) : suite aux guerres d'unification de la période des Royaumes combattants (480-221), le roi Zheng de Qin (r. 246-210) fonde le premier empire chinois en s'arrogeant le titre de Premier Auguste Empereur en 221.

Premier empereur : 221-210.
Second empereur : 209-207.

DYNASTIE DES HAN OCCIDENTAUX, capitale Chang'an (202 av. J.-C. – 8 ap. J.-C.)

Empereur Gaozu (Liu Bang), fondateur de la dynastie : 202-195.
Empereur Hui : 195-188.
Impératrice douairière Lü : 188-180.
Empereur Wen : 180-157.
Empereur Jing : 157-141.
Empereur Wu : 141-87.
Empereur Zhao : 87-74.
Empereur Xuan : 74-49.
Empereur Yuan : 48-33.
Empereur Cheng : 33-7.
Empereur Ai : 7-1.
Empereur Ping : 1 av. J.-C.-6 ap. J.-C.

DYNASTIE XIN (règne de Wang Mang) : 8-23.

DYNASTIE DES HAN ORIENTAUX, capitale Luoyang (25-220)

Empereur Guangwu (Liu Xiu) : 25-57.

NOTES DIVERSES

SUR LA CAPITALE DE L'OUEST

西京雜記

卷第一

1. 漢高帝七年, 蕭相國營未央宮. 因龍首山製前殿, 建北闕. 未央宮周迴二十二里九十五步五尺,街道周迴七十里. 臺殿四十三,其三十二在外,其十一在後. 宮池十三,山六,池一、山一亦在後. 宮門闥凡九十五.

2. 武帝作昆明池,欲伐昆吾夷,教習水戰. 因而於上游戲養魚, 魚給諸陵廟祭祀, 餘付長安市賣之. 池周迴四十里.

1. 200 av. J.-C.

2.* Xiao He, ancien fonctionnaire civil de la dynastie des Qin, se rallia très tôt au soulèvement mené par Liu Bang, le futur fondateur des Han, et s'occupa principalement de renforcer la structure administrative du jeune empire. Il devint premier ministre en 198 avant J.-C., poste qu'il conserva jusqu'à sa mort en 193.

3.* Ce palais fut conçu par Xiao He comme une manière d'affirmer la puissance de la dynastie des Han : voir *Mémoires historiques*, *juan* 1, p. 64.

Livre I

1. La septième année du règne de l'empereur Gaozu[1] de la dynastie Han, le grand ministre Xiao He[2] fit construire le palais Weiyang[3]. Le bâtiment principal s'appuyait au flanc du mont Tête de dragon et devant lui se dressait la porte fortifiée nord. Le périmètre de ce palais était de vingt-deux lieues, quatre-vingt-quinze pas et cinquante pouces[4]. Les rues intérieures avaient soixante-dix lieues de long. Il y avait quarante-trois terrasses soutenant des bâtiments, dont trente-deux dans la partie avant publique et onze dans la partie arrière privée. Treize lacs avaient été creusés et six collines artificielles érigées dont un lac et une colline dans la partie arrière. Il y avait quatre-vingt-quinze petites portes d'accès.

2. L'empereur Wu[5] fit creuser le lac Kunming[6] pour entraîner ses troupes aux combats nautiques, en vue d'attaquer les barbares Kunming[7]. Ce lac, d'un pourtour de quarante lieues, servait aussi à des divertissements et à l'élevage de poissons destinés aux offrandes dans les temples ancestraux et auprès des tombeaux impériaux ; le reste était vendu sur les marchés de Chang'an.

4. D'après les fouilles qui ont été faites sur le site de ce palais situé au nord de l'actuelle ville de Xi'an, la muraille d'enceinte avait une largeur de plus de vingt mètres à la base et un périmètre de huit mille huit cents mètres englobant une superficie d'environ cinq kilomètres carrés.

5. L'empereur Wu régna entre 141 et 87 avant J.-C.

6.* Ce lac se trouvait au sud-ouest de la capitale.

7. Les Kunming étaient une ethnie vivant au sud-ouest de la Chine, dans l'actuelle province du Yunnan.

3. 漢制：宗廟八月飲酎, 用九醞太牢, 皇帝侍祠. 以正月旦作酒, 八月成, 名曰酎, 一曰九醞, 一名醇酎.

4. 京師大水, 祭山川以止雨. 丞相御史二千石禱祠, 如求雨法.

5. 天子筆管, 以錯寶為跗, 毛皆以秋兔之毫, 官師路扈為之. 以雜寶為匣, 廁以玉璧翠羽, 皆直百金.

6. 漢制天子玉几, 冬則加綈錦其上, 謂之綈几. 以象牙為火籠, 籠上皆散華文, 後宮則五色綾文. 以酒為書滴, 取其不冰；以玉為硯, 亦取其不冰. 夏設羽扇, 冬設繒扇. 公侯皆以竹木為几, 冬則以細罽為橐以憑之, 不得加綈錦.

8. Les « trois viandes » (*tailao* 太牢), à la manière des *suovetauriles* romains, étaient le porc, le mouton et le bœuf. La liqueur était obtenue par fermentation de céréales diverses.

9.* Les hauts fonctionnaires sont désignés par l’expression « fonctionnaire gagnant deux mille piculs de céréales par an ».

3. D'après le système de la dynastie Han, au huitième mois, on offrait dans le temple ancestral la liqueur dite des « neuf fermentations » et les trois viandes sacrificielles[8]. L'empereur présidait la cérémonie. Cette liqueur était confectionnée le premier jour de l'an et prête à être consommée au huitième mois. Elle s'appelait « liqueur épaisse », « neuf fermentations » ou encore « liqueur onctueuse ».

4. Lorsque la capitale subissait de fortes inondations, on priait les montagnes et rivières pour arrêter la pluie. Participaient à ces prières les ministres, les censeurs et les hauts fonctionnaires[9]. Les prières pour demander la pluie procédaient de la même manière.

5. Les pinceaux de l'empereur avaient un manche serti de pierres précieuses et étaient composés uniquement de poils de lapin recueillis à l'automne. Ils étaient fabriqués par le maître-artisan du palais, Lu Hu. Leurs coffrets, ornés de pierres précieuses, étaient décorés sur les côtés de jade et de plumes de martins-pêcheurs. Chaque ensemble valait cent livres d'or.

6. Selon le système en vigueur sous les Han, le Fils du ciel avait une table basse en jade[10], recouverte en hiver d'un brocart de soie et appelée pour cela « table-soie ». Il y avait des braseros en ivoire, gravés ici et là de motifs décoratifs. Dans la partie privée du palais, il y avait des satins brodés de multiples couleurs. On broyait l'encre dans de l'alcool, à l'aide d'une pierre à encre de jade, car l'alcool et le jade ne gelaient pas. L'été, étaient disposés des portières en plumes et, l'hiver, en gaze. Les nobles quant à eux s'appuyaient sur des tables basses en bambou qui l'hiver étaient enveloppées de feutrine, car ils n'avaient pas le droit d'utiliser de la soie.

10.* Cette table basse servait d'appui puisqu'on était assis par terre sur des nattes.

7. 武帝時,西域獻吉光裘,入水不濡.上時服此裘以聽朝.

8. 高帝、戚夫人善鼓瑟擊筑.帝常擁夫人倚瑟而絃歌,畢,每泣下流漣.夫人善為翹袖折腰之舞,歌《出塞》、《入塞》、《望歸》之曲,侍婢數百皆習之.後宮齊首高唱,聲入雲霄.

9. 戚姬以百鍊金為彄環,照見指骨.上惡之,以賜侍兒鳴玉、耀光等,各四枚.

10. 趙王如意年幼,未能親外傅.戚姬使舊趙王內傅趙媼傅之,號其室曰養德宮,後改為魚藻宮.

11.* Il s'agissait d'un manteau fait avec la peau d'un animal fabuleux nommé « brillance faste ».

12. La favorite Qi 戚夫人 de l'empereur Gaozu eut de lui un fils, Ruyi 如意, qui fut nommé prince de Zhao 趙王. Elle espérait en vain que l'empereur destituerait le dauphin, Liu Ying 劉盈, et nommerait à sa place leur fils. Cela lui valut la haine de l'impératrice Lü 呂 (r. 188-180) qui, à la mort de l'empereur, lui fit couper les quatre membres, arracher les yeux, absorber un liquide qui rendait muet, brûler l'intérieur des oreilles, puis la fit jeter dans des latrines en l'appelant « la truie humaine » (les porcs étaient élevés dans les latrines pour qu'ils se nourrissent des déjections humaines). Voir les chapitres sur l'impératrice Lü dans les *Mémoires historiques*, *juan* 9 et l'*Histoire des Han*, *juan* 97A. Cette favorite est aussi l'objet d'une longue évocation dans la notule 76.

13. Le *se*, qui existait déjà dans l'Antiquité, avait une caisse de résonance horizontale et, le plus fréquemment, vingt-cinq cordes avec chevalets. Le *zhu* avait en général treize cordes sur une caisse de résonance arrondie, et on en jouait avec un plectre de bambou.

7. Sous l'empereur Wu, un royaume occidental offrit un manteau de peau appelé « brillance faste[11] ». Ce manteau ne se mouillait pas, même plongé dans l'eau. L'empereur s'en revêtait souvent lors des audiences de la cour.

8. La favorite de l'empereur Gaozu, dame Qi[12], jouait admirablement de la cithare *se* et de la cithare *zhu*[13]. L'empereur la prenait dans ses bras et, suivant les notes de la cithare, l'accompagnait en chantant. La musique finie, son visage était couvert de larmes. Dame Qi dansait aussi très bien en faisant virevolter ses manches et en pliant sa taille. Elle chantait *Au-delà des frontières*, *Retour au pays*, *Espoir de retour*. Plusieurs centaines de servantes du palais apprirent ces chansons. Lorsqu'elles les chantaient très fort à l'unisson dans les appartements privés du palais, le son s'en élevait jusqu'aux nues.

9. La favorite Qi avait fait faire des bagues en or raffiné cent fois, dont l'éclat était tel qu'on voyait les os des doigts. Comme l'empereur les avait en aversion, elle les donna aux servantes Mingyu, Yaoguang, et à d'autres encore, quatre bagues chacune.

10. Le prince de Zhao, Ruyi, étant trop jeune pour avoir un précepteur[14], la favorite Qi le fit élever par une vieille femme nommée Zhao, qui fut la nourrice de l'ancien prince de Zhao[15]. Elle donna au bâtiment où résidait l'enfant le nom de « palais de la Formation de la vertu », nom qui fut ensuite changé en « palais des Poissons et plantes aquatiques[16] ».

14. Ce fils de la favorite Qi avait quatre ans à la mort de son père l'empereur Gaozu. Sa biographie figure dans l'*Histoire des Han*, *juan* 38. Voir la notule suivante.

15. Il s'agit de Zhang Ao 張敖, fils de Zhang Er 張耳 : voir la biographie de Zhang Er dans l'*Histoire des Han*, *juan* 32.

16. Nom repris du titre d'un poème dans la partie « Xiaoya », VII, chant 7 du *Classique des poèmes*. Ce poème parle de l'installation par le roi Wu des Zhou (XIe siècle av. J.-C.) de sa capitale à Hao et critiquerait le roi You des Zhou, qui se livrait à la luxure et dut quitter cette capitale au VIIIe siècle : « Où demeure le poisson ? Dans les herbes aquatiques, et sa tête y devient grosse. Où réside l'empereur ? À Hao et comme il s'y réjouit à boire du vin ! »

11. 惠帝嘗與趙王同寢處, 呂后欲殺之而未得. 後帝早獵, 王不能夙興, 呂后命力士於被中縊殺之. 及死, 呂后不之信. 以綠囊盛之, 載以小軿車, 入見, 乃厚賜力士. 力士是東郭門外官奴, 帝後知, 腰斬之, 后不知也.

12. 樂遊苑自生玫瑰樹, 樹下多苜蓿. 苜蓿一名懷風, 時人或謂之光風, 風在其間, 常蕭蕭然, 日照其花, 有光采, 故名苜蓿為懷風. 茂陵人謂之連枝草. 太液池邊皆是彫胡、紫蘀、綠節之類. 菰之有米者, 長安人謂之彫胡; 葭蘆之未解葉者, 謂之

17.* L'impératrice Lü, épouse de Gaozu, prit le pouvoir réel après la mort de celui-ci.

18. L'empereur Hui régna de 195 (il avait alors seize ans) à 188 avant J.-C. L'empereur Gaozu avait éloigné de la capitale Ruyi, le jeune fils qu'il avait eu avec sa favorite Qi, par crainte de son épouse, l'impératrice Lü. À la mort de Gaozu, celle-ci fit venir Ruyi. L'empereur Hui alla accueillir ce demi-frère à l'extérieur de la ville et vécut avec lui. Il restait cependant sous l'emprise de sa mère et, après sa mort, l'impératrice Lü exerça le pouvoir avec le titre d'impératrice douairière.

19.* Cette plante originaire du royaume occidental de Dayuan (Ferghana) fut importée en Chine sous le règne de l'empereur Wu.

11. L'impératrice Lü[17] voulait faire assassiner le prince de Zhao, mais comme celui-ci partageait la chambre de l'empereur Hui[18], elle n'y était pas encore parvenue. Un jour, l'empereur étant parti de bonne heure à la chasse et le prince ne pouvant se lever tôt, l'impératrice envoya un homme de main l'étouffer dans sa couverture. Comme elle ne croyait pas encore à sa mort, le corps du prince fut mis dans un sac vert et lui fut apporté dans une charrette fermée. Quand elle le vit, elle récompensa généreusement l'homme de main. Celui-ci était un esclave affecté à la porte est de la capitale. Lorsque l'empereur l'apprit, il le fit exécuter en le coupant à la taille, à l'insu de l'impératrice.

12. Au parc des Plaisirs de la promenade poussaient des églantiers avec, à leurs pieds, de la luzerne[19], appelée aussi « embrasse-vent » ou, par certaines personnes de l'époque, « brille-au-vent », car lorsque le vent s'y coulait, la luzerne semblait soupirer, et si le soleil éclairait ses fleurs, elle s'illuminait d'un éclat brillant. Quant aux habitants de Maoling[20], ils la nommaient « tiges liées[21] ». Sur les bords du lac Taiye[22] poussaient du riz sauvage, des roseaux à la tige violette et d'autres à la tige verte. Ce riz sauvage était appelé zizania par les habitants de Chang'an, les roseaux qui n'avaient pas encore de feuilles étaient appelés « tige violette », et les

20. Lieu où se situe le tombeau de l'empereur Wu, situé dans l'actuel district de Xingping. Comme Changling (tombeau de Gaozu) ou Yangling (tombeau de Jingdi), il s'agissait en réalité de véritables villes entourant le mausolée impérial dans lesquelles des populations étaient déplacées.

21.* La luzerne présente en effet plusieurs tiges poussant les unes à partir des autres. L'étymologie latine de la luzerne, *lucerna*, « lampe », fait aussi référence à son éclat.

22. Ce lac fut creusé sur ordre de l'empereur Wu dans la partie ouest de la ville, légèrement au nord du palais Jianzhang. Trois collines artificielles au centre formaient des îles. Le lac était orné de poissons, dragons et bêtes étranges en métal ou en pierre.

紫蘀；菰之有首者，謂之綠節. 其間鳧雛雁子布滿充積，又多紫龜綠鱉，池邊多平沙，沙上鵜鶘、鷓鴣、䴔䴖、鴻鶂，動輒成群.

13. 終南山多離合草，葉似江蘺，而紅綠相雜，莖皆紫色，氣如羅勒. 有樹直上百尺，無枝，上結叢條如車蓋，葉一青一赤，望之斑駁如錦繡，長安謂之丹青樹，亦云華蓋樹. 亦生熊耳山.

14. 漢帝相傳以秦王子嬰所奉白玉璽、高祖斬白蛇劍. 劍上有七采珠、九華玉以為飾，雜廁五色琉璃為劍匣. 劍在室中，光景猶照於外，與挻劍不殊. 十二年一加磨瑩，刃上常若霜雪. 開匣拔鞘，輒有風氣，光彩射人.

23. Situé au sud de Chang'an, dans les monts Qinling, ce mont devint plus tard un refuge pour les lettrés retirés.

24. Graminée ressemblant aux pousses de riz, mais qui est une mauvaise herbe.

25.* *Manglietiastrum sinicum*.

26. Situé dans l'ouest de l'actuel Henan, il constitue l'extrémité orientale des monts Qinling.

27. Ziying était le fils de Fusu 扶蘇, lui-même fils aîné du Premier empereur, mais écarté du trône par le ministre Zhao Gao 趙高. Lorsqu'en 207 avant J.-C., Zhao Gao, toujours soucieux de préserver son pouvoir, tua Huhai 胡亥, le fils cadet qui avait succédé à son père sous le titre Qin Er Shi 秦二世, il fit appel à Ziying, mais lui refusa le titre d'empereur et ne lui accorda que celui de prince de Qin. Après la chute de la capitale des Qin, Ziying se rendit à Liu Bang, le futur empereur Gaozu, et lui remit le sceau de son grand-père, le Premier empereur. Il fut ensuite tué par Xiang Yu, chef rival de Liu Bang.

zizanias avec épi « tige verte ». Au milieu de ces plantes vivaient une multitude de canards et d'oies sauvages, ainsi que des tortues violettes et des tortues vertes à écaille molle. Sur les étendues plates de sable de la rive, des groupes de pélicans, perdrix, roitelets et cygnes s'agitaient sans fin.

13. Sur le mont Zhongnan[23] poussaient en abondance les *lihe*[24], dont les feuilles semblables à celles des ombellifères mêlent le rouge et le vert. Leur tige est de couleur violette et leur parfum est proche du basilic. On y trouvait aussi un arbre dont le tronc, droit, est dépourvu de branche jusqu'à cent pieds. Tout en haut, la frondaison forme comme un dais de char. Ses feuilles sont rouges et vertes, si bien qu'à le regarder, il semble un brocart bigarré. À Chang'an, il est appelé l'arbre rouge-vert ou l'arbre au dais fleuri[25]. Il pousse également sur le mont des Oreilles d'ours[26].

14. Les empereurs Han se transmettaient le sceau en jade blanc reçu du prince des Qin, Ziying[27], et l'épée avec laquelle Gaozu avait tué un serpent blanc[28]. Cette épée était décorée de jade et de perles aux couleurs variées, et son boîtier était en jade semi-translucide aux teintes mélangées. Quand elle était dans son fourreau, son éclat passait à travers comme lorsqu'elle en était tirée. On la polissait tous les douze ans. Sa lame ressemblait à de la gelée blanche ou à de la neige. Chaque fois qu'elle était tirée de son boîtier, s'élevait un souffle de vent et rayonnait une clarté éblouissante.

28. Lorsque Liu Bang n'était encore que chef du relais de Sishui 泗水 sous l'empire des Qin, il fut chargé d'accompagner des conscrits pour la construction du mausolée du Premier empereur au mont Lishan. Pendant le trajet, il déserta avec les conscrits. Arrivé au bord d'un marais, il rencontra sur le chemin un serpent blanc et le tua avec son épée. Quelques lieues plus loin, ivre, il se coucha par terre et un homme vint alors lui dire : « Une vieille femme pleure là où un serpent a été tué. Elle dit que son fils était l'empereur blanc, qui s'était transformé en serpent sur la route et qu'il a été tué par l'empereur rouge. » Une fois devenu empereur, Liu Bang considéra cette épée comme un don du ciel et elle fut transmise comme un trésor impérial. Lorsqu'un empereur partait en voyage, un serviteur l'accompagnait en portant cette épée.

15. 漢綵女常以七月七日穿七孔鍼於開襟樓,俱以習之.

16. 宣帝被收繫郡邸獄, 臂上猶帶史良娣合采婉轉絲繩, 繫身毒國寶鏡一枚, 大如八銖錢. 舊傳此鏡見妖魅, 得佩之者為天神所福, 故宣帝從危獲濟. 及即大位, 每持此鏡, 感咽移辰. 常以琥珀笥盛之, 緘以戚里織成錦, 一曰斜文錦. 帝崩, 不知所在.

17. 霍光妻遺淳于衍蒲桃錦二十四匹、散花綾二十五匹. 綾出鉅鹿陳寶光家, 寶光妻傳其法. 霍

29. Ce serait l'origine des compétitions de savoir-faire que les jeunes filles faisaient à cette date (début de l'automne), le soir de la fête des étoiles du Bouvier et de la Tisserande, afin d'obtenir de la Tisserande la maîtrise de la broderie. L'empereur Wu de la dynastie des Qi du Sud (483-494) fit construire une terrasse avec un pavillon dédié à ce rite, appelé pavillon de l'Enfilage des aiguilles.

30. L'empereur Xuan (r. 74-49) était l'arrière-petit-fils de l'empereur Wu. À la fin de sa vie, ce dernier était souvent malade et se croyait victime de magie noire consistant à enterrer des statuettes. Le fonctionnaire Jiang Chong 江充, chargé d'enquêter sur ces maléfices, détestait le dauphin, Liu Ju 劉據, et l'accusa d'avoir enterré une statuette. Le dauphin prit peur et tua Jiang Chong (en 91 avant J.-C.). L'empereur envoya alors des soldats l'arrêter. Le dauphin leva des troupes pour résister, mais, au bout de cinq jours, elles furent vaincues et le dauphin se suicida. Sa famille fut inquiétée et son petit-fils, Liu Xun 劉詢, le futur empereur Xuan, fut mis en prison.

31. Dame Shi, qui portait le titre de Sœur excellente, l'un des titres des dames du palais, était la concubine du dauphin Liu Ju, et la grand-mère de l'empereur Xuan. Elle lui aurait offert ce bracelet avec un miroir à l'occasion de la fête du cinquième jour du cinquième mois (au moment du solstice d'été) pour expulser les pestilences. Encore aujourd'hui, on offre à cette date des bracelets ou des pendentifs surtout pour protéger les femmes et les enfants.

32. Quartier de Chang'an.

15. Au septième jour du septième mois, les servantes du palais brodaient à l'aide de sept aiguilles différentes au pavillon du Col ouvert. C'était devenu une coutume[29].

16. Le futur empereur Xuan[30], quand il fut arrêté et interné dans la prison pour vassaux et chefs de commanderies, portait encore au poignet le bracelet en fils de soie multicolore que lui avait donné dame Shi et auquel était attaché un miroir indien grand comme une pièce d'un tiers de taël. Une ancienne tradition voulait que ce miroir reflétât les démons et que, si on le portait sur soi, on obtînt la protection des dieux[31]. C'est grâce à cela que le futur empereur fut sauvé du péril où il était. Devenu empereur, chaque fois qu'il le prenait avec lui, il poussait un long soupir. Il le gardait dans une boîte en bambou orné d'ambre, enveloppé dans du brocart de Qili[32], aussi appelé brocart *xiewen*. Depuis la mort de l'empereur, personne ne sait ce qu'il est devenu.

17. L'épouse de Huo Guang[33] offrit à Chunyu Yan vingt-quatre rouleaux de brocart brodé de fleurs de vigne et vingt-cinq rouleaux de satin damasquiné brodé de fleurs éparpillées[34]. Ce satin venait de l'atelier de Chen Baoguang, dont la femme avait appris la technique dans sa famille, et Huo Xian fit venir

33. L'épouse de Huo Guang se nommait Huo Xian 霍顯. Son époux était le demi-frère par son père du fameux général Huo Qubing 霍去病. Sous l'empereur Wu, il était colonel des chars de la garde. Lorsque l'empereur Zhao 昭 (r. 87-74) monta sur le trône à l'âge de huit ans, Huo Guang fut anobli seigneur de Boling et nommé général en chef, si bien que pendant vingt ans son pouvoir fut si grand que les empereurs Zhao et Xuan le craignaient. Chunyu Yan était une femme médecin de la cour qui soignait les femmes nobles du palais et notamment l'impératrice. Huo Xian l'appréciait et, comme elle voulait que sa fille cadette Chengjun 成君 devienne impératrice, elle poussa Chunyu Yan à empoisonner l'impératrice Xu 許, qui venait de tomber malade. À la mort de celle-ci, Chengjun devint de fait l'épouse de l'empereur Xuan. Tant que Huo Guang vécut, il parvint à étouffer cette sombre affaire. Après sa mort, l'empereur Xuan prit le pouvoir en mains et découvrit ce qui s'était réellement passé. Il fit exécuter tout le clan de Huo Guang.

34. Les rouleaux de brocart avaient environ quinze mètres de long, et ceux de soie unie environ vingt mètres.

顯召入其第,使作之.機用一百二十鑷,六十日成一匹,匹直萬錢.又與走珠一琲,緑綾百端,錢百萬,黃金百兩,為起第宅,奴婢不可勝數.衍猶怨曰:« 吾為爾成何功,而報我若是哉!»

18. 濟陰王興居反,始舉兵,大風從東來,直吹其旌旗,飛上天入雲,而墮城西井中.馬皆悲鳴不進.左右李廓等諫,不聽.後卒自殺.

19. 五鹿充宗受學於弘成子.成子少時,嘗有人過己,授以文石,大如燕卵.成子吞之,遂大明悟,為天下通儒.成子後病,吐出此石,以授充宗,充宗又為碩學也.

20. 始元元年,黃鵠下太液池.上為歌曰:« 黃

35.* Le récit de ces événements se trouve aussi dans l'*Histoire des Han*, *juan* 97A, avec une différence cependant, ce texte précisant que Huo Xian n'osa pas récompenser trop richement Chunyu Yan par crainte que le complot ne soit découvert.

36. Liu Xingju était le fils de Liu Fei 劉肥, fils aîné de l'empereur Gaozu. Il eut de grands mérites en mettant par la suite l'empereur Wen sur le trône et celui-ci le nomma en 178 avant J.-C. prince de Jibei. L'année suivante, quand Liu Xingju apprit que l'empereur Wen se rendait à Taiyuan dans le but d'attaquer les Xiongnu, il voulut en profiter pour se rebeller.

37.* La majeure partie des éditions, dont celle que nous suivons, donnent « prince de Jiyin » (濟陰). Ici, nous corrigeons sur la base des *Mémoires historiques* et de l'*Histoire des Han*, qui donnent bien à ce prince le titre de « prince de Jibei ».

38. Wulu Chongzong (prénom social Junmeng 君孟) était un lettré spécialiste du *Classique des mutations* (*Yijing*) et des *Entretiens de Confucius*

celle-ci chez elle pour qu'elle en fabrique. Le métier à tisser comprenait cent vingt pédales et il fallait soixante jours pour tisser un seul rouleau, qui valait dix mille pièces de monnaie. Huo Xian donna également à Chunyu Yan dix enfilades de perles, cent rouleaux de soie verte, cent taëls d'or, et lui fit construire une demeure à laquelle était affecté un nombre incalculable de servantes. Et pourtant Chunyu Yan disait avec acrimonie : « C'est tout ce qu'elle me donne en remerciement après ce que j'ai fait pour elle[35] ! »

18. Lorsque Liu Xingju[36], prince de Jibei[37], se rebella et commença à rassembler ses troupes, un fort vent d'est se leva et souffla droit sur ses oriflammes : celles-ci s'élevèrent jusqu'aux nuages, puis s'écrasèrent dans un puits de l'ouest de la ville. Les chevaux hennissaient de peur et refusaient d'avancer. Li Kuo et d'autres proches conseillers l'exhortèrent [à ne pas se rebeller], mais il ne les écouta pas. Il fut vaincu et se suicida.

19. Wulu Chongzong[38] était le disciple de Hong Chengzi. Lorsque ce dernier était jeune, un homme lui rendit visite et lui donna une pierre veinée grosse comme un œuf d'hirondelle. Hong Chengzi l'avala et tout se fit clair pour lui. Il devint ainsi un grand lettré dans l'empire, au savoir sans limite. Par la suite, tombé malade, il vomit cette pierre et la remit à Wulu Chongzong, qui devint lui aussi un grand érudit.

20. La première année de l'ère Shiyuan[39], un oiseau géant[40] se posa sur le lac Taiye[41]. L'empereur[42] composa alors cette

(dans la version du royaume de Qi 齊). Il devint un favori de l'empereur Yuan 元 (r. 48-33 av. J.-C.) et fut nommé chambellan chargé de l'approvisionnement du palais. Après avoir perdu la faveur impériale, il devint préfet de Xuantu 玄菟. Sur le lettré Hong Chengzi, on ne sait rien.

39. C'est-à-dire en 86 avant J.-C.

40.* Il s'agit d'un *huanghu*, « cygne jaune », oiseau mythique d'une envergure immense, capable de parcourir mille lieues d'une seule traite. Il apparaît, chez Qu Yuan notamment, comme le symbole de la pureté du sage retiré. La venue de cet animal fabuleux était considérée comme auspicieuse.

41. Sur le lac Taiye, voir la notule 13.

42. Il s'agit de l'empereur Zhao (r. 87-74 av. J.-C.).

鵠飛兮下建章, 羽肅肅兮行蹌蹌, 金為衣兮菊為裳. 唼喋荷荇, 出入蒹葭, 自顧菲薄, 愧爾嘉祥. »

21. 漢帝送死皆珠襦玉匣. 匣形如鎧甲, 連以金縷. 武帝匣上皆縷為蛟龍鸞鳳龜麟之象, 世謂為蛟龍玉匣.

22. 成帝設雲帳、雲幄、雲幕於甘泉紫殿, 世謂三雲殿.

23. 漢掖庭有月影臺、雲光殿、九華殿、鳴鸞殿、開襟閣、臨池觀, 不在簿籍, 皆繁華窈窕之所棲宿焉.

24. 趙飛燕女弟居昭陽殿, 中庭彤朱, 而殿上丹漆, 砌皆銅沓, 黃金塗, 白玉階, 壁帶往往為黃金釭,

43. L'empereur Cheng (Liu Ao 劉驁) régna de 33 à 7 avant J.-C. Le palais des Sources suaves fut construit à l'époque du Premier empereur et agrandi par l'empereur Wu des Han. Il était situé au nord-ouest de l'actuelle Chunhua dans la province du Shaanxi.

44. Les nuages étaient un symbole faste.

45. Ce palais faisait partie du palais Weiyang et ses bâtiments étaient situés de part et d'autre des appartements de l'empereur.

chanson : « L'oiseau géant vole et se pose au palais Jianzhang / Ses plumes bruissent, il avance en dansant / Revêtu d'or et de chrysanthème / Il picore nénuphars et nymphéas / Entre et sort des jeunes roseaux / Trop conscient de mes limites / Ce signe faste m'emplit de honte. »

21. Pour les funérailles des empereurs Han, on revêtait toujours les dépouilles d'un gilet de perles et d'un linceul de jade. Celui-ci ressemblait à une armure et était formé de plaques de jade reliées par des fils d'or. Sur le linceul de l'empereur Wu avaient été gravés de grands serpents aquatiques, des dragons, des phénix mâles et femelles, des tortues, des licornes. On lui donna donc le nom de « linceul de jade aux dragons ».

22. L'empereur Cheng[43] fit suspendre dans la salle Pourpre du palais Ganquan (Sources suaves) des tentures représentant des nuages sur les murs, les paravents et les plafonds. Les contemporains lui donnèrent donc le nom de « salle des Trois Nuages[44] ».

23. Au palais Yiting[45], il y avait la terrasse aux Reflets de lune, la salle de l'Éclat des nuages, la salle des Neuf Ornements, la salle du Chant des phénix, le pavillon des Cols ouverts, l'Observatoire au bord du lac. Dans ces bâtiments nichaient les jeunes femmes charmantes et les jolies jeunes filles dont le rang n'était pas assez élevé pour figurer sur les registres du palais.

24. La sœur cadette de Zhao Feiyan[46] habitait dans le palais Zhaoyang[47]. La cour centrale était peinte en rouge comme les murs du bâtiment recouverts de laque. L'armature de la terrasse était en cuivre recouvert d'une couche d'or, les marches étaient

46. Zhao Feiyan fut la concubine de l'empereur Cheng, puis son impératrice. Sa sœur cadette, Zhao Zhaoyi 趙昭儀, vécut alors dans ce bâtiment qui faisait partie du palais Weiyang. La rumeur lui attribuant la mort soudaine de l'empereur Cheng, elle se suicida. Zhao Feiyan, destituée par l'empereur Ping, se suicida également : voir la biographie de l'impératrice Zhao Xiaocheng dans l'*Histoire des Han*, *juan* 97B.

47. Selon l'*Histoire des Han*, le palais Zhaoyang était le plus fastueux de tous les palais jamais construits pour les épouses impériales.

含藍田璧，明珠翠羽飾之. 上設九金龍，皆銜九子金鈴，五色流蘇. 帶以緑文紫綬，金銀花鑷. 每好風日，幡旄光影，照耀一殿，鈴鑷之聲，驚動左右. 中設木畫屏風，文如蜘蛛絲縷，玉几玉牀，白象牙簟，緑熊席. 席毛長二尺餘，人眠而擁毛自蔽，望之不能見，坐則沒膝. 其中雜熏諸香，一坐此席，餘香百日不歇. 有四玉鎮，皆達照，無瑕缺. 窗扉多是緑琉璃，亦皆達照，毛髮不得藏焉. 椽桷皆刻作龍蛇，縈繞其間，鱗甲分明，見者莫不兢慄. 匠人丁緩、李菊，巧為天下第一. 締構既成，向其姊子樊延年說之，而外人稀知，莫能傳者.

48. Le jade du mont Lantian, situé dans la préfecture du même nom, était très renommé. Les Chinois appellent jade toute une série de pierres qui en Occident ne sont pas considérées comme du jade et portent d'autres noms.

49. Les couleurs et décorations étaient différentes suivant le rang des dignitaires. La couleur pourpre était réservée aux princes et aux grands ministres. Cette phrase signifie que la position de Zhao Zhaoyi était comparable à celle d'un prince de la famille impériale.

en jade blanc, les parties apparentes de la charpente en bois étaient recouvertes d'or. Les murs étaient incrustés de jade de Lantian[48] avec des décorations de perles brillantes et de plumes de martins-pêcheurs. En haut, neuf dragons en or tenaient chacun dans leur gueule une enfilade de neuf clochettes également en or. Étaient accrochés des pendentifs multicolores en plumes ou fils de soie, d'autres en argent et en or étaient en forme de fleurs et tintaient les jours où soufflait une douce brise. Les ceintures et rubans étaient en soie pourpre avec des motifs de couleur verte[49]. Des oriflammes avec la hampe ornée de queues d'animaux resplendissaient dans toute la salle. Le son des clochettes et pendentifs en métal animait l'atmosphère de cette salle, où, en son milieu, se dressait un paravent en bois peint de décorations aussi fines que des toiles d'araignée ou des fils de soie. Il y avait des tables basses et des lits en jade, des nattes fraîches en ivoire et d'autres nattes en peau d'ours noirs dont les poils étaient longs de plus de deux pieds, si bien qu'on pouvait s'y cacher en s'allongeant et qu'on ne voyait plus les genoux quand on s'y asseyait. Ces nattes étaient imprégnées de parfums divers qui restaient encore sur vous cent jours plus tard. Elles étaient retenues aux quatre coins par un bloc de jade brillant sans aucun défaut. Les fenêtres étaient pour la plupart faites d'un verre translucide de couleur verte à travers lequel on pouvait même voir un poil ou un cheveu. Les poutres et traverses étaient sculptées en forme de dragons et serpents qui décrivaient des courbes et dont les écailles ressortaient si clairement que ceux qui les apercevaient sursautaient de peur. Ding Huan et Li Ju étaient les meilleurs artisans de tout l'empire, mais à l'achèvement de la construction, ils ne donnèrent d'explications qu'à Fan Yannian, fils de sa sœur aînée[50]. À l'extérieur du palais, peu de gens le savaient, et leur technique ne put donc pas être transmise.

50. Le texte n'est pas clair, on ne sait s'il s'agit de la sœur de Ding Huan ou de Li Ju.

25. 積草池中有珊瑚樹, 高一丈二尺, 一本三柯, 上有四百六十二條. 是南越王趙佗所獻, 號為烽火樹. 至夜, 光景常欲燃.

26. 昆明池刻玉石為魚, 每至雷雨, 魚常鳴吼, 鬐尾皆動. 漢世祭之以祈雨, 往往有驗.

27. 初修上林苑, 群臣遠方, 各獻名果異樹, 亦有製為美名, 以摽奇麗. 梨十 : 紫梨、青梨、實大. 芳梨、實小. 大谷梨、細葉梨、縹葉梨、金葉梨、出琅琊王野家, 太守王唐所獻. 瀚海梨、出瀚海北, 耐寒不枯. 東王梨、出海中. 紫條梨. 棗七 :

51. Un des quinze (ou dix selon certains textes) lacs du parc impérial Shanglin.

52. Nom donné à la viorne.

53. Nanyue occupait les actuelles régions du Guangdong et du Guangxi et une partie du Vietnam. Zhao Tuo (mort en 137 avant J.-C.), originaire de l'ancien royaume de Zhao (actuel Hebei), avait été envoyé à la tête d'une expédition vers le sud de l'empire sous la dynastie Qin. À la chute de cette dynastie, il se proclama roi du Nanyue. La onzième année de son règne (196), l'empereur Gaozu envoya le célèbre lettré Lu Jia 陸賈 pour le raisonner. À la mort de Gaozu, Zhao Tuo s'autoproclama empereur du Nanyue, mais suite à une nouvelle mission diplomatique de Lu Jia, il se reconnut vassal de l'empereur et lui envoya des produits précieux et exotiques. Il eut quatre successeurs, avant que l'empereur Wu n'annexe le royaume en 111 avant J.-C. ; voir les biographies concernant les deux Ao 兩鰲傳 dans l'*Histoire des Han*, *juan* 95.

25. Au milieu du lac Jicao (Plantes abondantes)[51] se dressait un arbre de corail[52] d'environ cinq mètres de haut. Son tronc comportait trois branches maîtresses qui se divisaient plus haut en quatre cent soixante-deux rameaux. C'était un cadeau de Zhao Tuo, prince de Nanyue[53]. On l'appelait l'arbre flamboyant car, la nuit venue, son éclat était tel qu'il semblait s'embraser.

26. Sur le lac Kunming[54] était sculptée une baleine en jade[55]. À chaque fois qu'éclatait un orage, la baleine chantait et agitait sa queue et sa nageoire dorsale. Sous les Han, les gens la priaient pour obtenir la pluie, souvent avec succès.

27. Lorsque l'empereur Wu commença à faire aménager la Forêt impériale[56], les vassaux et les royaumes éloignés offrirent des arbres fruitiers recherchés et des essences étranges. On forgea pour certains de ces arbres de superbes noms qui en soulignaient la beauté et la singularité. Il y avait dix sortes de poiriers : le poirier pourpre, le poirier vert foncé (donnant de gros fruits), le poirier odorant (donnant de petits fruits), le poirier de Dagu[57], le poirier aux fines feuilles, le poirier aux feuilles pâles, le poirier aux feuilles dorées (offert par le gouverneur Wang Tang, il provient de chez la famille de Wang Ye à Langye), le poirier de la mer Hanhai[58] (il provient du nord de la mer Hanhai et résiste au froid), le poirier du roi de l'Est[59] (provenant des régions côtières maritimes) et le poirier aux rameaux pourpres. Il y avait sept sortes de jujubiers : le

54. Voir la notule 2.

55. Cette baleine datant des Han serait encore conservée au musée de la province du Shaanxi.

56.* La Forêt impériale, ou parc Shanglin, était située sur les lieux d'un parc qui datait de la dynastie Qin. Les chasses impériales s'y déroulaient en automne et en hiver.

57. Région près de Luoyang au Henan encore célèbre pour ses poires.

58. Cette mer désignerait soit la mer du Nord, soit les lacs Hulun et Bei'er en Mongolie.

59. Divinité aussi appelée Empereur de l'Est, parèdre de la Reine-Mère d'Occident, qui tiendrait le catalogue des Immortels et habiterait dans une grotte d'une montagne de l'Est.

弱枝棗、玉門棗、棠棗、青華棗、梬棗、赤心棗、西王棗. 出崑崙山. 栗四：侯栗、榛栗、瑰栗、嶧陽栗. 嶧陽都尉曹龍所獻, 大如拳. 桃十：秦桃、榹桃、緗核桃、金城桃、綺葉桃、紫文桃、霜桃、霜下可食. 胡桃、出西域. 櫻桃、含桃. 李十五：紫李、緑李、朱李、黃李、青綺李、青房李、同心李、車下李、含枝李、金枝李、顏淵李、出魯. 羌李、燕李、蠻李、侯李. 柰三：白柰、紫柰、花紫色. 緑柰. 花緑色. 查三：蠻查、羌查、猴查. 椑三：青椑、赤葉椑、烏椑. 棠四：赤棠、白棠、青棠、沙棠. 梅七：朱梅、

60. Porte Yumen au Gansu qui commandait l'accès à l'Asie centrale.

61. Divinité qui règne sur les monts Kunlun, séjour d'Immortels.

62.* Probablement un noisetier.

63. Nom d'une montagne dans le Jiangsu, mais il n'y avait pas de commanderie de ce nom à l'époque et il doit s'agir d'une erreur.

64. Désigne toute la région du Nord-Ouest.

65. Pêcher sauvage, aux fruits sans noyau.

66.* L'Asie centrale.

jujubier à branches souples, le jujubier de la porte de Jade[60], le jujubier aux feuilles de bouleau, le jujubier aux fleurs foncées, le jujubier plaqueminier, le jujubier au cœur rouge et le jujubier de la Reine-Mère d'Occident[61] (provenant des monts Kunlun). Quatre sortes de châtaigniers : le châtaignier noble, le châtaignier touffu[62], le châtaignier merveilleux, le châtaignier de Yiyang (offert par Cao Long, gouverneur militaire de Yiyang[63], et dont les fruits sont gros comme le poing). Dix sortes de pêchers : le pêcher de Qin[64], le pêcher des montagnes[65], le pêcher au noyau jaune clair, le pêcher de Jincheng, le pêcher aux feuilles tissées, le pêcher aux veines pourpres, le pêcher sous le givre (on peut encore en manger les fruits sous le givre), le pêcher barbare (provenant des contrées de l'Ouest[66]), le pêcher cerisier[67], le pêcher contenu[68]. Quinze sortes de pruniers : le prunier pourpre, le prunier vert, le prunier vermillon, le prunier jaune, le prunier brodé de vert, le prunier de la maison verte, le prunier concentrique, le prunier parfumé, le prunier branchu, le prunier aux branches dorées, le prunier de Yan Hui[69] (provenant de l'ancien royaume de Lu), le prunier des Qiang[70], le prunier de Yan[71], le prunier des Man[72], le prunier noble. Trois sortes de pommiers : le pommier blanc, le pommier pourpre (aux fleurs pourpres), le pommier vert (aux fleurs vertes). Trois sortes d'aubépines : l'aubépine des Man, l'aubépine des Qiang, l'aubépine des singes. Trois sortes de kakis : le kaki vert foncé, le kaki aux feuilles rouges, le kaki noir. Quatre sortes de poiriers sauvages : le poirier rouge, le poirier blanc, le poirier vert foncé et le poirier sable.

67.* Il s'agit du cerisier.

68.* *Prunus pseudocerasus*, considéré comme une espèce de cerisier.

69. Arbre appelé du nom d'un disciple de Confucius, Yan Hui (Yan Ziyuan), originaire de l'ancien royaume de Lu (dans l'actuel Shandong).

70. Ethnie du Nord-Ouest proche des Tibétains.

71. Nom d'un royaume de l'Antiquité occupant le nord du Hebei et le sud du Liaoning actuels.

72.* Nom d'un peuple barbare du Sud.

紫葉梅、紫花梅、同心梅、麗枝梅、燕梅、猴梅. 杏二 : 文杏、材有文采. 蓬萊杏. 東郭都尉于吉所獻. 一株花雜五色, 六出, 云是仙人所食. 桐三 : 椅桐、梧桐、荊桐. 林檎十株, 枇杷十株, 橙十株, 安石榴十株, 楟十株, 白銀樹十株, 黃銀樹十株, 槐六百四十株, 千年長生樹十株, 萬年長生樹十株, 扶老木十株, 守宮槐十株, 金明樹二十株, 搖風樹十株, 鳴風樹十株, 琉璃樹七株, 池離樹十株, 離婁樹十株, 枏四株, 樅七株, 白俞（左木右匋）、杜（左木右匋）、桂蜀漆樹十株, 栝十株, 楔四株, 楓四株.

余就上林令虞淵得朝臣所上草木名二千餘種. 隣人石瓊就余求借, 一皆遺棄. 今以所記憶, 列於篇右.

73. Il s'agit de trois îles mythiques au large du Shandong qui seraient le séjour d'Immortels. La commanderie de l'Est occupait l'est du Henan, le sud du Hebei et l'ouest du Shandong actuels.

Sept sortes de prunus : le prunus vermillon, le prunus aux feuilles pourpres, le prunus aux fleurs pourpres, le prunus concentrique, le prunus aux jolies branches, le prunus de Yan, le prunus des singes. Deux sortes d'abricotiers : l'abricotier veiné (son bois est veiné) et l'abricotier de Penglai[73] (offert par le gouverneur Yu Ji[74] de la commanderie de l'Est et dont la fleur aux six pétales de cinq couleurs est consommée par les Immortels). Trois sortes de paulownias : le paulownia fortuné, le paulownia parasol et le paulownia épineux. Dix pommiers sauvages, dix bibaces, dix orangers, dix grenadiers, dix azéroliers, dix arbres d'argent blanc, dix arbres d'argent jaune[75], six cent quarante sophoras, dix houx millénaires, dix houx plurimillénaires[76], dix soutiens de la vieillesse[77], dix sophoras gardiens du palais[78], vingt arbres radiance d'or, dix arbres vibrant au vent, dix arbres criant au vent, dix arbres de Liuli, dix arbres de Chili, dix arbres de Li Lou, des ormes blancs, des poiriers à fruits blancs[79], des canneliers, dix arbres à laque du Sichuan, dix genévriers, sept sapins du Sud-Ouest, quatre phoebes, quatre genévriers épineux et quatre érables.

J'avais obtenu de Yu Yuan, administrateur du parc impérial, les noms de plus de deux mille sortes de plantes que des vassaux avaient livrées. Mon voisin Shi Qiong m'a emprunté cette liste, mais elle s'est ensuite perdue et je n'ai noté ci-dessus que ce dont je me souviens.

74.* Ce personnage n'est pas connu par ailleurs. Son nom varie selon les éditions : certaines donnent Gan Ji 干吉, d'autres Yu Tai 于台.

75.* On ne sait pas quelles sortes d'arbres désignaient ces deux noms.

76.* Ces deux noms désigneraient des espèces de houx, ou bien de chênes verts.

77.* Cette espèce d'arbre fournissait un bois dont on faisait des cannes.

78.* Les feuilles de cet arbre s'ouvrent la nuit et se referment le jour.

79.* Le caractère utilisé est très rare, ni son sens ni sa prononciation ne sont connus.

28. 長安巧工丁緩者, 為常滿燈, 七龍五鳳, 雜以芙蓉蓮藕之奇. 又作卧褥香鑪, 一名被中香鑪. 本出房風, 其法後絕, 至緩始更為之. 為機環轉運四周, 而鑪體常平, 可置之被褥, 故以為名. 又作九層博山香鑪, 鏤為奇禽怪獸, 窮諸靈異, 皆自然運動. 又作七輪扇, 連七輪, 大皆徑丈, 相連續, 一人運之, 滿堂寒顫.

29. 趙飛燕為皇后, 其女弟在昭陽殿, 遺飛燕書曰 : « 今日嘉辰, 貴姊懋膺洪冊, 謹上襚三十五條, 以陳踊躍之心 : 金華紫輪帽, 金華紫輪面衣, 織成上襦, 織成下裳, 五色文綬, 鴛鴦襦, 鴛鴦被, 鴛鴦褥, 金錯繡襠, 七寶綦履, 五色文玉環, 同心七寶釵, 黃金步搖, 合歡圓璫, 琥珀枕, 龜文枕, 珊瑚玦, 馬腦彄, 雲母扇, 孔雀扇, 翠羽扇, 九華扇, 五明扇,

80.* À propos de ce palais, voir la notule 24, qui nous décrit déjà le luxe incomparable dans lequel vivait la sœur cadette de Zhao Feiyan.

81.* Ou albizia, symbole d'union.

28. Vivait à Chang'an un habile artisan nommé Ding Huan. Il fabriquait une lampe toujours pleine décorée de sept dragons et de cinq phénix au milieu de nénuphars et de lotus. Il fabriquait également un brûle-parfum pour literie, appelé aussi brûle-parfum pour couvertures, qui avait été créé par Fang Feng, mais dont le procédé avait été perdu jusqu'à ce que Ding Huan recommence à en fabriquer. Placé sur une boule que l'on pouvait tourner dans tous les sens, ce brûle-parfum restait toujours à l'horizontale. On pouvait donc le disposer dans la literie, d'où son nom. Ding Huan fabriquait également un brûle-parfum dont le couvercle représentait un massif montagneux à neuf étages sur lequel étaient sculptés toutes sortes d'animaux fantastiques qui tous bougeaient naturellement, manifestant l'infinie étendue de son art. Il créa aussi un éventail à sept roues, toutes reliées entre elles, dont le diamètre était de plus de trois mètres et qui étaient si bien assemblées qu'il suffisait d'un seul homme pour les activer et faire trembler de froid toute la salle.

29. Lorsque Zhao Feiyan fut nommée impératrice, sa sœur cadette, Zhao Zhaoyi, lui envoya du palais Zhaoyang[80] la lettre suivante : « En ce jour merveilleux où, toi ma sœur aînée, tu connais la gloire d'être nommée impératrice, je t'offre respectueusement trente-cinq cadeaux pour t'exprimer ma joie et mes vœux : un chapeau pourpre à bord rond décoré de fleurs en or, une voilette de gaze décorée de fleurs d'or, un gilet et une jupe en soie, un ruban brodé de cinq couleurs, une couverture et un coussin brodés de canards mandarins, une longue veste sans manche brodée de fils d'or, des chaussures à lacets ornées de pierres précieuses, une bague en jade veiné de cinq couleurs, des épingles à cheveux en cercles de pierres précieuses, des peignes en enfilade de perles d'or, des boucles d'oreilles en fleurs d'arbre à soie[81], des oreillers ornés d'ambre, des oreillers décorés de motifs d'écailles de tortue, une bague en corail, une bague en agate, un éventail en feuilles de mica, un éventail en plumes de paon, un éventail en plumes de martins-

雲母屏風，琉璃屏風，五層金博山香鑪，迴風扇，椰葉席，同心梅，含枝李，青木香，沈水香，香螺卮，出南海，一名丹螺．九真雄麝香，七枝燈．»

30. 趙后體輕腰弱，善行步進退，女弟昭儀不能及也．但昭儀弱骨豐肌，尤工笑語．二人並色如紅玉，為當時第一，皆擅寵後宮．

卷第二

31. 元帝後宮既多，不得常見，乃使畫工圖形，案圖召幸之．諸宮人皆賂畫工，多者十萬，少者亦不減五萬．獨王嬙不肯，遂不得見．匈奴入朝，求美人為閼氏，於是上案圖，以昭君行．及去，召見，貌為後宮第一，善應對，舉止閑雅．帝悔之，而名籍已

82. Éventail réservé aux nobles, et, après les Han, seulement à l'empereur.

83.* Située dans le nord du Vietnam actuel.

84.* L'empereur Yuan 元 (Liu Shi 劉奭, 76-33 av. J.-C.) régna entre 48 et 33 avant J.-C.

85.* Désignée ici par son rang, *qiang* 嬙, inférieur à celui des principales concubines, Wang Zhaojun fut donnée pour épouse au souverain (*shanyu* 單于) des Xiongnu en 33 avant J.-C. On trouve ici la première relation des circonstances, peut-être romancées, dans lesquelles s'est déroulé cet événement. Wang Zhaojun devint ensuite une figure littéraire de l'exil.

pêcheurs, un éventail en bambou tressé, un éventail aux cinq éclats[82], un paravent en feuilles de mica, un paravent en pâte de verre, un brûle-parfum avec couvercle en or représentant une montagne à cinq degrés, un éventail rotatif, une natte en feuilles de palmier, un prunus concentrique, un prunier branchu, du parfum d'aucuba, du parfum d'aquilaire, des gobelets à vin en coquillage parfumé (provenant de Nanhai, appelé aussi coquillage de cinabre), du musc de la commanderie de Jiuzhen[83] et un chandelier à sept branches. »

30. L'impératrice Zhao Feiyan avait un corps léger, une taille très flexible et une démarche parfaite. Sa sœur cadette Zhaoyi ne pouvait arriver à son niveau, mais elle avait des os très fins bien enveloppés de chair, et elle était remarquable quand elle parlait ou riait. Toutes deux semblaient de jade vermeil et, surpassant toutes leurs contemporaines, elles étaient les favorites dans les appartements privés de l'empereur.

Livre II

31. Les femmes étaient si nombreuses dans le gynécée de l'empereur Yuan[84] qu'il était impossible pour celui-ci de visiter régulièrement chacune d'entre elles. Il fit donc peindre leur portrait et, d'après cet album, il appelait celles qu'il voulait honorer. Toutes les dames du palais avaient corrompu les peintres en leur versant au moins cinquante mille pièces de monnaie et certaines jusqu'à cent mille. Seule Wang Zhaojun[85] refusa de payer et n'était donc jamais appelée. Quand le chef des Xiongnu vint à la cour et demanda une belle femme pour en faire sa reine, l'empereur, en se basant sur l'album de portraits, trouva que Wang Zhaojun convenait bien assez. Quand elle fut sur le départ, il la convoqua et s'aperçut qu'elle était la plus belle de son gynécée, qu'elle conversait très agréablement et avait une attitude et une démarche très élégantes. L'empereur se sentit empli de regret, mais il voulait inspirer confiance aux

定. 帝重信於外國, 故不復更人. 乃窮案其事, 畫工皆棄市, 籍其家, 資皆巨萬. 畫工有杜陵毛延壽, 為人形, 醜好老少, 必得其真. 安陵陳敞, 新豐劉白、龔寬, 並工為牛馬飛鳥眾勢, 人形好醜, 不逮延壽. 下杜陽望, 亦善畫, 尤善布色. 樊育亦善布色. 同日棄市. 京師畫工, 於是差稀.

32. 武帝欲殺乳母, 乳母告急於東方朔, 朔曰 : « 帝忍而愎, 旁人言之, 益死之速耳. 汝臨去, 但屢顧我, 我當設奇以激之. » 乳母如言, 朔在帝側曰 : « 汝宜速去, 帝今已大, 豈念汝乳哺時恩邪 ? » 帝愴然, 遂舍之.

33. 五侯不相能, 賓客不得來往. 婁護豐辯, 傳食

86.* Ville-mausolée de l'empereur Xuan.

87.* Ville-mausolée de l'empereur Hui (r. 195-188 av. J.-C.).

88. Dongfang Shuo (154-93 av. J.-C.), connu pour ses conseils astucieux et son humour, était devenu Grand Conseiller et un favori de l'empereur. Sa biographie figure dans l'Histoire des Han, *juan* 65. Dans la biographie des humoristes des *Mémoires historiques* de Sima Qian (voir la traduction française par Jacques Pimpaneau, *Vies de Chinois illustres*, Paris, Librairie You Feng, 2009, p. 441), ce haut fait est attribué à un autre bouffon, Guo Sheren. La nourrice devait être exilée avec sa famille pour avoir abusé des privilèges que l'empereur lui avait accordés.

89. Il s'agit de cinq ducs qui reçurent leurs titres le même jour. Ils étaient tous membres du clan Wang, un clan puissant apparenté à l'impératrice Yuan, et dont est également issu Wang Mang, qui parviendra à fonder sa propre

souverains étrangers, et comme le nom de la femme figurait déjà sur l'acte officiel, il ne put pas le changer. Par la suite, après une enquête serrée sur cette affaire, il fit exécuter les peintres et confisqua la fortune démesurée de leurs familles. Parmi les peintres, Mao Yanshou, originaire de Duling[86], peignait les personnages avec une vérité parfaite, que le sujet soit beau ou laid, jeune ou vieux. Chen Chang de Anling[87], Liu Bai et Gong Kuan de Xinfeng excellaient dans les peintures de buffles, de chevaux et d'oiseaux ; ils peignaient aussi des portraits, mais le rendu de la beauté ou de la laideur n'atteignait pas celui de Mao Yanshou. Yang Wang de Xiadu était aussi un bon peintre qui excellait dans les couleurs de tissus, de même que Fan Yu. En un seul jour, ils furent tous mis à mort sur la place du marché, où leurs corps furent exposés. Dès lors, rares furent les peintres à la capitale.

32. L'empereur Wu avait décidé de faire exécuter sa nourrice. Celle-ci avertit Dongfang Shuo[88] du péril où elle se trouvait, et il lui dit : « L'empereur est tyrannique et entêté. Si des gens de son entourage intercèdent pour vous, il n'en sera que plus prompt à vous mettre à mort. Quand vous quitterez la cour, retournez-vous seulement plusieurs fois vers nous et je déploierai un stratagème. » La nourrice fit comme il avait dit et Dongfang Shuo, qui était à côté de l'empereur, la rabroua : « Allez-vous enfin partir ! L'empereur est grand à présent. Comment pourrait-il encore garder à l'esprit la bonté que vous avez eue pour lui en l'allaitant ! » L'empereur, ému, la gracia.

33. Les cinq ducs[89] ne pouvaient se souffrir les uns les autres, et interdisaient même à leur entourage de se fréquenter. Lou Hu[90], rhétoricien éloquent, allait manger chez les uns et

dynastie. Ils ont pour noms Wang Tan 王譚, Wang Shang 王商, Wang Li 王立, Wang Gen 王根, Wang Fengshi 王逢時. Voir la biographie de l'impératrice Yuan dans l'*Histoire des Han*, *juan* 98.

90. Il figure dans la biographie des redresseurs de torts de l'*Histoire des Han*, *juan* 92.

五侯間, 各得其歡心, 競致奇膳. 護乃合以為鯖, 世稱五侯鯖, 以為奇味焉.

34. 公孫弘起家徒步, 為丞相, 故人高賀從之. 弘食以脫粟飯, 覆以布被. 賀怨曰 : « 何用故人富貴為 ? 脫粟布被, 我自有之. » 弘大慚, 賀告人曰 : « 公孫弘內服貂蟬, 外衣麻枲, 內廚五鼎, 外膳一肴, 豈可以示天下 ? » 於是朝廷疑其矯焉. 弘嘆曰 : « 寧逢惡賓, 不逢故人. »

35. 文帝自代還, 有良馬九匹, 皆天下之駿馬也. 一名浮雲, 一名赤電, 一名絕群, 一名逸驃, 一名紫燕騮, 一名綠螭驄, 一名龍子, 一名麟駒, 一名絕塵,

91. Gongsun Hong (200-121 av. J.-C.) fut le seul des douze chanceliers de l'empereur Wu à être considéré comme un lettré *ru*, du fait de sa maîtrise du *Classique des printemps et automnes*. Issu d'une famille misérable, il ne commença à étudier les Classiques que tardivement, à l'âge de quarante ans, et fut nommé docteur en érudition vers soixante ans, suite à un mémoire remarqué par l'empereur. Il perdit un temps son titre de docteur, puis fut réhabilité et devint finalement chancelier (*chengxiang* 丞相) en 124. Il a laissé un souvenir très contrasté. Il contribua à établir l'Académie impériale et à mettre en avant les vertus de frugalité (qu'il s'appliquait à pratiquer lui-même) et l'importance des Classiques, mais il aurait aussi collaboré étroitement avec le ministre Zhang Tang 張湯, connu pour son application cruelle des principes légistes, et est parfois dénoncé pour son hypocrisie. C'est le cas dans cette anecdote, dont le contenu est assez différent de ce qui nous est dit dans sa biographie de l'*Histoire des Han*, *juan* 58. En effet, d'après le témoignage de l'*Histoire des Han* comme des *Mémoires historiques*, le soupçon portait sur la sincérité de son engagement dans les principes classiques, mais il n'est nulle part dit qu'il se gobergeait en privé tout en prônant la frugalité pour les autres.

les autres, qui tous aimaient sa compagnie et rivalisaient pour lui donner des produits rares. Il s'en servit pour accommoder un plat de maquereau qui fut par la suite nommé « maquereau des cinq ducs » et dont le goût était excellent.

34. Gongsun Hong[91], issu du peuple, devint Premier ministre. À Gao He, un vieil ami qui faisait partie de sa suite, il servait du millet de basse qualité et donnait des vêtements de toile grossière. Gao He s'en plaignit : « À quoi sert-il d'avoir pour ami un homme riche et couvert d'honneurs ! Du millet de basse qualité et de la toile grossière, j'en ai déjà ! » Gongsun Hong fut très gêné. Gao He racontait partout ceci : « Gongsun Hong, à l'intérieur, porte des habits de marte et, à l'extérieur, de chanvre écru. En privé, il mange cinq plats par repas dans de la vaisselle de bronze et, en présence d'autres personnes, un simple plat de légumes. Comment pourrait-il donner le bon exemple à l'empire ! » Dès lors, la cour se demanda si Gongsun Hong n'était pas un hypocrite, ce qui fit dire à celui-ci en soupirant : « Mieux vaut avoir chez soi le pire des importuns plutôt qu'un vieux camarade comme Gao He ! »

35. L'empereur Wen[92] revint de son fief de Dai à la capitale avec neuf chevaux remarquables qui l'emportaient sur ceux de tout l'empire. Leurs noms étaient Nuage flottant, Éclair rouge, Sans pareil, Doré débridé[93], Hirondelle rousse[94], Dragon vert pommelé, Fils du dragon, Poulain de la licorne et Ne touche pas terre. Ensemble, on les appelait les « Neuf débridés ». Il y

92.* L'empereur Wen (Liu Heng 劉恆, 202-157 av. J.-C.) était le fils de Gaozu et d'une de ses concubines. Durant le règne de l'impératrice Lü, il demeura prudemment dans son fief de Dai. Après la mort de l'impératrice en 180, il revint à la capitale et logea dans une demeure réservée au prince de Dai. Il fut choisi parmi plusieurs descendants de Gaozu pour lui succéder. Il régna de 180 à 157 avant J.-C., règne qui est considéré comme un âge de paix.

93.* Le terme de *piao* désigne selon le *Shuowen jiezi* 說文解字 un cheval à la robe de couleur jaune et à la crinière blanche.

94.* Le terme de *liu* désigne un cheval roux à la crinière et la queue noires.

號為九逸. 有來宣能御, 代王號為王良, 俱還代邸.

36. 武帝時, 身毒國獻連環羈, 皆以白玉作之, 馬瑙石為勒, 白光琉璃為鞍. 鞍在闇室中, 常照十餘丈, 如晝日. 自是長安始盛飾鞍馬, 競加雕鏤, 或一馬之飾直百金, 皆以南海白蜃為珂, 紫金為華, 以飾其上. 猶以不鳴為患, 或加以鈴鑷, 飾以流蘇, 走則如撞鐘磬, 若飛幡葆. 後得貳師天馬, 帝以玟珂石為鞍, 鏤以金銀鍮石, 以綠地五色錦為蔽泥, 後稍以熊羆皮為之. 熊羆毛有綠光, 皆長二尺者, 直百金. 卓王孫有百餘雙, 詔使獻二十枚.

37. 昭帝時, 茂陵家人獻寶劍, 上銘曰 : 直千金, 壽萬歲.

95 * Wang Liang était un conducteur de char légendaire.

96. A la mort de l'impératrice Lü en 180 et après l'exécution de son clan, le prince de Dai, fils de l'empereur Gaozu, fut appelé à monter sur le trône. Mais en arrivant à la capitale, il commença par résider dans sa demeure comme prince de Dai, et non dans le palais impérial, pour bien montrer que c'était seulement sur les instances de la cour qu'il acceptait de devenir empereur.

avait un certain Lai Xuan qui savait les maîtriser. Le prince de Dai lui avait donné pour surnom Wang Liang[95], et l'emmena à la capitale dans la demeure réservée au prince de Dai[96].

36. Sous l'empereur Wu, un royaume indien[97] offrit des brides en chaînes de jade blanc, des licous avec mors en agate et des selles en lapis-lazuli veiné de blanc. La luminosité de ces selles était telle que, dans l'obscurité, elles éclairaient jusqu'à une trentaine de mètres comme si on était en plein jour. Dès lors, à Chang'an, commença à s'instaurer la mode des selles ornées, rivalisant de richesses. Une parure de cheval pouvait atteindre cent onces d'or. Ces parures, incrustées de nacre de Nanhai[98] et de motifs en or rouge, recouvraient le dos des chevaux. Certains regrettèrent qu'elles fussent silencieuses, et y ajoutèrent clochettes et pendeloques si bien qu'il suffisait d'avancer ou de bouger pour donner l'impression que résonnaient cloches ou lithophones, et que volaient étendards ornés de plumes. Lorsque par la suite furent acquis des chevaux célestes du Ferghana, l'empereur fit faire des selles en jade de couleur rose incrusté d'or, d'argent et de cuivre jaune. Aux flancs des chevaux pendaient de fins brocarts multicolores protégeant le cavalier de la poussière. Peu après, le brocart fut remplacé par des peaux de grands ours valant cent onces d'or et dont les poils, longs d'une soixantaine de centimètres, brillaient d'un éclat vert. Zhuo Wangsun[99], qui possédait plus de cent paires de ces peaux, reçut l'ordre d'en livrer vingt.

37. Sous l'empereur Zhao, des serviteurs de Maoling[100] livraient des épées sur lesquelles était gravé « Valeur de mille onces d'or. Longévité de dix mille ans ».

97.* Le toponyme utilisé ici est *shendu* 身毒.

98. Commanderie de la région de Canton.

99. Richissime marchand, père de Zhuo Wenjun, l'épouse du poète Sima Xiangru (voir la notule 38).

100. À propos de Maoling, ville-mausolée, voir la notule 12.

38. 司馬相如初與卓文君還成都,居貧愁懣,以所着鷫鸘裘就市人陽昌貰酒, 與文君為歡. 既而文君抱頸而泣曰 : « 我平生富足, 今乃以衣裘貰酒. » 遂相與謀,於成都賣酒. 相如親著犢鼻褌滌器,以耻王孫. 王孫果以為病,乃厚給文君,文君遂為富人. 文君姣好,眉色如望遠山,臉際常若芙蓉,肌膚柔滑如脂,十七而寡,為人放誕風流,故悅長卿之才而越禮焉. 長卿素有消渴疾,及還成都,悅文君之色, 遂以發痼疾. 乃作 « 美人賦 », 欲以自刺,而終不能改,卒以此疾至死. 文君為誄,傳於世.

39. 慶安世年十五, 為成帝侍郎. 善鼓琴, 能為 « 雙鳳離鸞 » 之曲, 趙后悅之, 白上, 得出入御內,

101. Cette histoire très célèbre a donné lieu à des récits tout au long des siècles. Elle figure de façon plus détaillée dans les *Mémoires historiques* de Sima Qian, qui consacra une biographie (*juan* 117) au poète Sima Xiangru (179-117 av. J.-C.) : voir Yves Hervouët (trad.), *Le Chapitre 117 du Che-ki (Biographie de Sseu-ma Siang-jou)*, Paris, Presses Universitaires de France, 1972. Sa biographie dans l'*Histoire des Han*, *juan* 57, reprend celle de Sima Qian presque mot pour mot. Une comparaison de ces deux biographies a également été faite par Yves Hervouët : voir « La valeur relative des textes du *Che ki* et du *Han shou* », in *Mélanges de sinologie offerts à Monsieur Paul Demiéville*, II, Paris, Presses universitaires de France, coll. « Bibliothèque de l'Institut des hautes études chinoises », 1974, p. 55-76.

38. À leur retour à Chengdu, Sima Xiangru et Zhuo Wenjun[101] vivaient dans la pauvreté et s'en affligeaient. Sima Xiangru alla chez un marchand, Yang Chang, échanger un vêtement turquoise en plumes de martins-pêcheurs contre du vin pour faire plaisir à Wenjun. Elle lui dit en enlaçant son cou et en pleurant : « Je vivais dans l'opulence et à présent nous en sommes réduits à échanger un vêtement contre du vin ! » Alors, après en avoir discuté, ils se mirent à tenir un débit de boissons à Chengdu, et lui, en culotte courte, lavait la vaisselle pour faire honte à Zhuo Wangsun. Celui-ci, de fait fort gêné, donna beaucoup d'argent à sa fille, qui devint très riche. Elle avait un joli visage, des sourcils évoquant des collines dans le lointain, des joues qui faisaient penser à des nénuphars, une peau douce et lisse comme de la crème. Veuve à dix-sept ans, elle avait un comportement très libre. C'est pourquoi, charmée par le talent de Sima Xiangru, elle s'affranchit des rites. Lui était diabétique de naissance. De retour à Chengdu, il goûta tant les charmes de Zhuo Wenjun qu'il eut un accès de sa maladie. Il écrivit alors le *Fu de la belle femme* pour se moquer de lui-même, mais ne parvint pas à se réformer et finalement mourut de cette maladie. Zhuo Wenjun composa alors un éloge funèbre, qui se transmit pendant des générations[102].

39. Qing Anshi, à quinze ans, devint officier de la Maison impériale pour l'empereur Cheng. Il jouait très bien de la cithare et était capable de jouer l'air du *Phénix quittant sa compagne*[103]. L'impératrice Zhao (Zhao Feiyan) l'aimait beaucoup et parla de lui à l'empereur, si bien qu'il obtint le droit d'entrer et sortir du palais, et devint un grand favori. Chaussé de chaussures légères en soie, agitant un éventail

102.* Cet éloge funèbre est perdu et celui qui nous reste est un faux tardif.

103.* Selon d'autres éditions, il s'agit non d'un seul air, mais de deux airs différents, *Couple de phénix* et *Départ du phénix mâle*.

絕見愛幸. 常著輕絲履, 招風扇, 紫綈裘, 與后同居處. 欲有子, 而終無胤嗣. 趙后自以無子, 常託以祈禱, 別開一室, 自左右侍婢以外, 莫得至者, 上亦不得至焉. 以軿車載輕薄少年, 為女子服, 入後宮者日以十數, 與之淫通, 無時休息. 有疲怠者, 輒差代之, 而卒無子.

40. 太上皇徙長安, 居深宮, 悽愴不樂. 高祖竊因左右問其故, 以平生所好, 皆屠販少年, 酤酒賣餅, 鬬鷄蹴踘, 以此為歡, 今皆無此, 故以不樂. 高祖乃作新豐, 移諸故人實之, 太上皇乃悅. 故新豐多無賴, 無衣冠子弟故也. 高祖少時, 常祭枌榆之社. 及移新豐, 亦還立焉. 高帝既作新豐, 並移舊社, 衢巷棟宇, 物色惟舊. 士女老幼, 相攜路首, 各知其室. 放犬羊鷄鴨於通塗, 亦競識其家. 其匠人胡寬所營也. 移者皆悅其似而德之, 故競加賞贈, 月餘, 致累百金.

104. Nom d'un genre d'éventail.

105. Le père de l'empereur Gaozu habitait Fengyi dans la province du Jiangsu. Quand son fils Liu Bang fonda la dynastie Han, il fut évidemment amené à résider dans le palais impérial de la nouvelle capitale.

créateur de brise[104], vêtu de soie épaisse, il restait dans la même demeure que l'impératrice. Celle-ci voulait avoir un fils, mais ne tombait jamais enceinte. Comme elle n'enfantait pas, elle prétexta qu'elle devait prier les dieux et fit aménager une pièce à cet effet, où, sauf ses servantes proches, personne n'avait accès, pas même l'empereur. Dans des chars aux ouvertures fermées de rideaux, plus d'une dizaine de jeunes gens déguisés en filles entraient chaque jour dans les appartements impériaux du palais et elle se livrait avec eux à des ébats sexuels sans un instant de répit. Ceux qui étaient épuisés étaient aussitôt remplacés, mais finalement elle n'eut jamais d'enfant.

40. Le père de l'empereur Gaozu, après avoir emménagé à Chang'an[105], habitait au fond du palais et sombrait dans la mélancolie. L'empereur Gaozu s'enquit secrètement de la cause auprès de son entourage. Ce que son père aimait, c'étaient les bouchers et autres marchands, la jeunesse, les cabarets, les vendeurs de galettes, les combats de coqs, les jeux de ballon, et, tous ces plaisirs lui manquant, il était malheureux. L'empereur fit alors construire Feng-la-Neuve et peupla ce bourg d'anciens habitants de Fengyi. Son père fut content. Voilà pourquoi à Feng-la-Neuve vivaient nombre de bons à rien, mais aucun jeune appartenant au milieu des fonctionnaires. Quand Gaozu était jeune, il priait le dieu du Sol du hameau de Fenyu. Lorsque Feng-la-Neuve fut construite, il y fit aussi transporter ce temple, qui était resté sur place. Les routes et ruelles ainsi que les maisons reconstituaient toute son apparence d'origine : hommes et femmes, jeunes et vieux, chacun reconnaissait son ancienne demeure ; chiens et moutons, poules et canards erraient partout librement, et tous ces animaux retrouvaient leur maison. Ce nouveau bourg était l'œuvre de l'artisan Hu Kuan. Ceux qui étaient venus y habiter étaient si contents de la ressemblance avec l'ancien qu'ils l'en récompensèrent et, tous rivalisant pour lui faire des cadeaux, il réunit cent livres d'or en un peu plus d'un mois.

41. 漢諸陵寢, 皆以竹為簾, 簾皆為水紋及龍鳳之像. 昭陽殿織珠為簾, 風至則鳴, 如珩珮之聲.

42. 揚雄讀書, 有人語之曰 : « 無為自苦, 玄故難傳. » 忽然不見. 雄著 « 太玄經 », 夢吐鳳凰, 集 « 玄 » 之上, 頃而滅.

43. 司馬相如為 « 上林 »、« 子虛 » 賦, 意思蕭散, 不復與外事相關, 控引天地, 錯綜古今, 忽然如睡, 煥然而興, 幾百日而後成. 其友人盛覽, 字長通, 牂牱名士, 嘗問以作賦. 相如曰 : « 合綦組以成文, 列錦繡而為質, 一經一緯, 一宮一商, 此賦之迹也.

106. Yang Xiong (53 av. J.-C.-18 ap. J.-C.), prénom social Ziyun 子雲, était un philosophe poète et éminent philologue de la fin des Han occidentaux. Il écrivit des *fu*, poèmes descriptifs en prose rythmée, un ouvrage sur les usages locaux des caractères (*Fangyan* 方言), le *Classique du Grand Mystère* (*Taixuan* 太玄) où, sur le modèle des soixante-quatre hexagrammes du *Classique des mutations*, il exposa sa philosophie en quatre-vingt-un tétragrammes. Il composa ensuite, sur le modèle des *Entretiens* de Confucius, les *Maîtres mots* (*Fayan* 法言, texte présenté, annoté et traduit par Béatrice L'Haridon, Paris, Les Belles Lettres, coll. « Bibliothèque chinoise », 2010). La biographie de Yang Xiong figure dans l'*Histoire des Han*, *juan* 87.

107. Il est aussi possible de comprendre : « Il cracha en rêve deux phénix, mâle et femelle, qui se rassemblèrent sur son manuscrit puis disparurent. »

41. Dans les sanctuaires des mausolées des empereurs Han, les rideaux étaient en bambou tressé et tous ornés de cours d'eaux, dragons et phénix. Dans le palais Zhaoyang, ils étaient faits de rangées de perles et tintaient quand le vent soufflait comme le son des jades accrochés aux ceintures quand ils s'entrechoquaient.

42. Yang Xiong[106] étudiait quand un homme lui dit : « Arrêtez de vous donner tout ce mal, car de toute façon le Grand Mystère est difficile à transmettre. » Et il disparut soudain. Tandis que Yang Xiong écrivait le *Classique du Grand Mystère*, il cracha en rêve un phénix qui se posa sur son manuscrit[107] et au bout d'un moment s'effaça.

43. Lorsque Sima Xiangru écrivit les poèmes en prose intitulés *Le Parc impérial* et *Zixu*[108], ses idées étaient libres et ouvertes. Ce qui se passait à l'extérieur ne comptait plus pour lui. Il maîtrisait le ciel et la terre, réunissait en lui le passé et le présent. Alors qu'il était comme dans un état de sommeil, la lumière se faisait tout à coup en lui. Il lui fallut presque cent jours pour les achever. Son ami Sheng Lan, de prénom social Changtong, célèbre lettré de la préfecture de Zangke[109], lui demanda sa méthode pour créer ses poèmes en prose. « Je tisse un ruban de soie qui constitue le texte, répondit Sima Xiangru, je le brode comme un brocart qui lui donne son contenu. Le fil de trame répond au fil de chaîne, un *do* répond à un *ré*. Telle est

108. Voir la notule 38. Ces deux *fu* figurent dans la biographie de Sima Xiangru comme une seule œuvre. Dans l'*Anthologie de la littérature* (*Wen xuan* 文選) de Xiao Tong 蕭通, ce sont deux œuvres distinctes. Le spécialiste moderne Zhang Dake 張大可 considère même que dix ans séparent leur création. Mais l'érudit des Qing, Liang Yusheng 梁玉繩 (1744-1819), comme Sima Qian et l'auteur du présent ouvrage, considère qu'il s'agit d'un *fu* unique écrit en une seule fois.

109. On ne sait rien d'autre de ce lettré. La préfecture de Zangke fut établie sous le règne de l'empereur Wu, en 111 avant J.-C. Elle comprend le Guizhou actuel, l'est du Yunnan et le nord du Guangxi.

賦家之心, 苞括宇宙, 總覽人物, 斯乃得之於內, 不可得而傳. » 覽乃作 « 合組歌 »、« 列錦賦 » 而退, 終身不復敢言作賦之心矣.

44. 董仲舒夢蛟龍入懷, 乃作 « 春秋繁露 » 詞.

45. 或問揚雄為賦, 雄曰 : « 讀千首賦, 乃能為之. »

46. 匡衡字稚圭, 勤學而無燭. 鄰舍有燭而不逮, 衡乃穿壁引其光, 以書映光而讀之. 邑人大姓文不識, 家富多書, 衡乃與其傭作, 而不求償. 主人怪, 問衡, 衡曰 : « 願得主人書遍讀之. » 主人感歎, 資給以書, 遂成大學. 衡能說 « 詩 », 時人為之語曰 : « 無說 « 詩 », 匡鼎來. 匡說 « 詩 », 解人頤. » 鼎, 衡小名也. 時人畏服之如是, 聞者皆解頤歡笑.

110. Dong Zhongshu (vers 179-104), docteur en érudition sous les empereurs Jing et Wu, fut un des grands interprètes de la pensée de Confucius. Son livre *La Rosée abondante des printemps et automnes* (*Chunqiu fanlu* 春秋繁露) est une étude sur les *Annales des printemps et automnes* (*Chunqiu*) du pays de Lu commentées par Gongyang (*Gongyang zhuan*) où il fait intervenir des considérations sur le Yin et le Yang et sur les Cinq Éléments. Sa biographie figure dans l'*Histoire des Han*, *juan* 56.

111. Voir la notule 42.

la méthode. L'esprit d'un auteur de poèmes en prose embrasse l'univers, parcourt les hommes du regard. Ceci s'obtient en soi-même, et il n'est pas possible de le transmettre. » Sheng Lan composa alors *Chant du tissage* et *Poème en prose du brocart*, puis se retira et, de toute sa vie, n'osa plus jamais parler de son désir d'écrire des poèmes en prose.

44. C'est après avoir vu en rêve un dragon des eaux entrer en son sein que Dong Zhongshu écrivit *La Rosée abondante des printemps et automnes*[110].

45. Yang Xiong[111] répondit à quelqu'un qui l'interrogeait sur la création de poèmes en prose : « Il faut en lire cent avant de pouvoir en écrire un. »

46. Kuang Heng[112], dont le prénom social était Zhigui, étudiait avec ardeur, mais n'avait pas de lampe. Celle de son voisin n'éclairant pas jusque chez lui, il creusa un trou dans le mur pour profiter de son éclairage et pouvoir lire. Vivait dans le même bourg que lui un homme de grande famille qui ne savait pas lire, mais possédait une imposante bibliothèque. Kuang Heng s'engagea chez lui comme homme de peine sans demander de salaire. L'homme, trouvant cela bizarre, lui en demanda la raison. « Je souhaiterais que vous me permettiez de lire tous les livres de votre bibliothèque », répondit Kuang Heng. L'homme, ému, soupira et lui prêta ses livres, si bien que Kuang Heng devint un grand érudit, capable d'expliquer le *Classique des poèmes*. Ses contemporains disaient à son propos : « Ne parlez plus des *Poèmes*, Kuang le Tripode arrive, avec ses explications qui savent réjouir tout le monde. » « Tripode » était son surnom car il était extrêmement respecté des contemporains[113]. Les visages de son auditoire

112. Kuang Heng était né dans une famille pauvre. À force d'étudier, il devint docteur en érudition et spécialiste du *Classique des poèmes*. Sous l'empereur Yuan, il fut nommé Premier ministre, mais, sous l'empereur Cheng, il fut destitué et ramené à l'état d'homme du commun pour avoir accaparé des terres ne lui appartenant pas. Sa biographie figure dans l'*Histoire des Han, juan* 81.

113. Le tripode en bronze représentait une dignité rituelle grandiose.

衡邑人有言 « 詩 » 者, 衡從之, 與語質疑, 邑人挫服, 倒屣而去. 衡追之, 曰 : « 先生留聽, 更理前論. » 邑人曰 : « 窮矣. » 遂去不反.

47. 長安有儒生曰惠莊, 聞朱雲折五鹿充宗之角, 乃歎息曰 : « 繭栗犢反能爾邪 ! 吾終耻溺死溝中. » 遂裹糧從雲. 雲與言, 莊不能對, 逡巡而去, 拊心謂人曰 : « 吾口不能劇談, 而此中多有. »

48. 武帝過李夫人, 就取玉簪搔頭. 自此後, 宮人搔頭皆用玉, 玉價倍貴焉.

49. 杜陵杜夫子善弈棋, 為天下第一人. 或譏其費日, 夫子曰 : « 精其理者, 足以大裨聖教. »

114.* Personnage inconnu par ailleurs.

115. Zhu Yun était un redresseur de torts et un érudit, qui avait étudié le *Classique des mutations* et les *Entretiens* de Confucius. Lors d'une discussion sur le *Classique des mutations* avec Wulu Chongzong, il avait réduit celui-ci à coi. Il fut docteur en érudition, sous-préfet de Duling, puis de Huaili. Sous l'empereur Cheng, il tua le félon Zhang Yu. L'empereur en fut très en colère et voulut l'exécuter, mais il fut gracié après intervention de Xin Qingji. Sa biographie figure dans l'*Histoire des Han*, *juan* 67.

116.* L'expression signifie que Zhu Yun a eu le dessus lors du débat, et fait subtilement référence au nom de famille de son adversaire.

117. Sur Wulu Chongzong, voir la notule 19. Son nom de famille, Wulu, signifie « cinq cerfs » et indique une certaine grandeur par opposition à Zhu Yun, qu'il traite de jeune veau.

s'éclairaient de sourires en écoutant ses explications. Un habitant de son district expliquait lui aussi le *Classique des poèmes*. Kuang Heng alla le voir et discuta avec lui du contenu de l'ouvrage et des points douteux. Cet homme ayant dû, bien malgré lui, se ranger aux points de vue de Kuang Heng, s'enfuit si précipitamment qu'il se trompa de pied en enfilant ses chaussures. Kuang Heng courut après lui en lui disant : « Monsieur, arrêtez, écoutez-moi, continuons à discuter ! — Je suis à court d'arguments », répondit l'homme, qui partit et ne revint jamais.

47. Il y avait à Chang'an un lettré nommé Hui Zhuang[114], qui, ayant appris que Zhu Yun[115] avait coupé les cornes[116] de Wulu Chongzong[117], dit en soupirant : « Si un veau qui vient de naître, aux cornes aussi petites que châtaignes ou cocons, est capable de cela, j'aurais honte de rester ignoré jusqu'à la fin de ma vie pour finir par crever dans un caniveau. » Alors il prit avec lui de la nourriture et partit trouver Zhu Yun. Ils parlèrent ensemble, mais vite Hui Zhuang fut incapable de lui répondre et, après avoir un peu hésité, il s'en alla. Ensuite, il disait aux gens en se frappant la poitrine : « Ma bouche ne sait pas s'exprimer facilement, mais il y en a beaucoup là-dedans ! »

48. Quand l'empereur Wu allait rendre visite à dame Li[118], il lui prenait son épingle à cheveux pour se gratter la tête. Dès lors, les dames du palais n'utilisèrent plus que des épingles[119] en jade, et le prix du jade augmenta.

49. Maître Du de Duling était très fort au jeu de go. Il était le champion de tout l'empire. À ceux qui lui reprochaient de perdre son temps, il répondit : « Comprendre l'essence de ce jeu permet de compléter l'enseignement des anciens sages. »

118. Dame Li, qui chantait et dansait très bien, était une favorite de l'empereur Wu. Ses frères aînés Li Yannian et Li Guang devinrent très puissants. Elle eut un fils de l'empereur, le prince Ai de Changyi.

119. Ici « se gratter la tête » est un nom, « gratte-tête », et désigne une épingle à cheveux.

50. 成帝好蹴踘,群臣以蹴踘為勞體,非至尊所宜.帝曰:«朕好之,可擇似而不勞者奏之.» 家君作彈棋以獻,帝大悅,賜青羔裘、紫絲履,服以朝覲.

51. 元封二年,大寒,雪深五尺,野鳥獸皆死,牛馬皆踡跼如蝟,三輔人民凍死者十有二三.

52. 武帝為七寶牀、雜寶桉、厠寶屏風、列寶帳,設於桂宮,時人謂之四寶宮.

53. 瓠子河決,有蛟龍從九子自決中逆上入河,噴沫流波數十里.

54. 文帝初,多雨,積霖至百日而止.

55. 王鳳以五月五日生,其父欲不舉,曰:« 俗諺:"舉五日子,長及戶則自害,不則害其父母."»

120. « Mon père » désigne Liu Xiang, père de Liu Xin, auteur du présent ouvrage : voir l'introduction.

121. Sur un plateau en pierre, l'un des joueurs a six pions noirs et son adversaire six pions blancs. On les place d'abord sur le plateau, ensuite on les envoie chacun son tour contre ceux de l'adversaire. Celui qui le premier atteint les six pions de l'adversaire l'emporte. Sous les Wei, chacun aura seize pions, puis vingt-quatre sous les Tang. Sous les Song, ce jeu tomba en désuétude.

122. Palais au nord-ouest de Chang'an.

123. Le Huzi est un cours d'eau qui relie le fleuve Jaune au marais de Daye dans le Shandong. Cette inondation eut lieu en 132 avant J.-C. Le fleuve Jaune s'engouffra dans le Huzi, inondant seize préfectures.

50. L'empereur Cheng aimait jouer au ballon, mais son entourage trouvait que cela le fatiguait trop physiquement et ne convenait pas au souverain suprême. « Ce jeu me plaît, répondit l'empereur, mais si vous pouvez me trouver un jeu qui lui ressemble tout en étant moins fatigant, présentez-le-moi. » Mon père[120] fabriqua un jeu d'envoi de pions[121] et le lui offrit. L'empereur fut si ravi qu'il lui donna une pelisse en peau de mouton noir et des chaussures de soie pourpre, que mon père revêtait aux audiences de la cour.

51. La deuxième année de l'ère Yuanfeng [109 av. J.-C.], il fit très froid. La neige atteignit plus d'un mètre et demi. Tous les animaux sauvages et les oiseaux périrent. Les bovidés et les chevaux se pelotonnaient les uns contre les autres comme hérissons en boule. Parmi la population de la capitale et de ses environs, deux à trois personnes sur dix moururent de froid.

52. L'empereur Wu fit faire dans le palais aux Canneliers[122] un lit, une table basse, un paravent et un rideau, tous ornés de multiples pierres précieuses, si bien qu'on appela ce palais « le palais aux quatre objets en pierres précieuses ».

53. Lorsque le fleuve Jaune rompit ses digues à l'embouchure de la rivière Huzi[123], un dragon et neuf de ses enfants à sa suite entrèrent dans la rivière en remontant le courant, et l'écume qu'ils crachaient forma des vagues sur plusieurs dizaines de lieues.

54. Au début du règne de l'empereur Wen, il plut beaucoup pendant cent jours de suite.

55. Wang Feng[124] naquit au cinquième jour du cinquième mois. Son père refusa qu'on l'élève, disant : « Selon le dicton, si l'on élève un enfant né le jour du double cinq, quand il aura atteint la hauteur d'une porte, il causera son malheur ou, sinon,

124. Wang Feng († 22 av. J.-C.) était le frère aîné de l'impératrice Wang Zhengjun 王政君 (épouse de l'empereur Yuan). Il fut d'abord chef de la garde, succéda à son père comme seigneur de Yangping et, sous l'empereur Cheng, devint chef des armées.

其叔父曰 : « 昔田文以此日生, 其父嬰敕其母曰 : “勿舉.” 其母竊舉之. 後為孟嘗君, 號其母為薛公大家. 以古事推之, 非不祥也. » 遂舉之.

56. 惠帝七年夏, 雷震南山. 大木數千株, 皆火燃至末. 其下數十畝地, 草皆燋黃. 其後百許日, 家人就其間得龍骨一具, 鮫骨二具.

57. 高祖為泗水亭長, 送徒驪山, 將與故人訣去. 徒卒贈高祖酒二壺, 鹿肝、牛肝各一. 高祖與樂從者飲酒食肉而去. 後即帝位, 朝晡尚食, 常具此二炙, 并酒二壺.

58. 梁孝王好營宮室苑囿之樂, 作曜華之宮, 築兔園. 園中有百靈山, 山有膚寸石, 落猿巖、棲龍

125.* Probablement Wang Hong 王弘.

126. Tian Wen vécut sous les Royaumes combattants. Sa biographie figure dans les *Mémoires historiques* (voir les *Vies de Chinois illustres*, *op. cit.*, p. 189). Noble du royaume de Qi, il succéda à son père comme seigneur de Xue. Nommé seigneur de Mengchang, il entretenait une cour de plusieurs milliers de personnes. Ayant suscité la méfiance du roi Min, il s'enfuit au royaume de Wei.

127.* Soit 188 avant J.-C.

128. Montagne au sud de Chang'an.

129.* Un *mu* équivaut équivalait sous les Han à environ 460 m^2.

130. Les dragons aquatiques pouvaient provoquer des inondations.

131. Ces conscrits y étaient envoyés pour construire le tombeau du Premier empereur.

celui de ses parents. » Ce à quoi son oncle[125] rétorqua : « Jadis Tian Wen[126] était né un tel jour. Son père, Ying, mit en garde sa mère et lui interdit de l'élever. Mais celle-ci l'éleva en secret. Plus tard, il devint seigneur de Mengchang et donna à sa mère le titre de grande-duchesse de Xue. De ce précédent historique, on peut déduire que cette date n'est pas néfaste. » C'est ainsi que Wang Feng obtint finalement de vivre.

56. Durant l'été de la septième année de l'empereur Hui[127], lors d'un orage sur le mont Zhongnan[128], plusieurs milliers de grands arbres furent brûlés jusqu'à leurs dernières branches et, sur le sol, l'herbe se dessécha et jaunit sur plusieurs dizaines de *mu*[129]. Quelque cent jours plus tard, les habitants du lieu y trouvèrent un squelette de dragon et deux de dragons aquatiques[130].

57. Lorsque l'empereur Gaozu n'était encore que chef du relais de Sishui, il accompagna des conscrits jusqu'au mont Lishan[131]. Lorsqu'il dut prendre congé des conscrits, devenus ses amis, ceux-ci lui offrirent deux pots d'alcool, du foie de cerf et de bœuf. Gaozu partagea foies et alcools avec les gens qui se réjouissaient en sa compagnie, avant de les quitter. Après qu'il fut devenu empereur, le cuisinier en chef du palais devait souvent lui servir au déjeuner ou au dîner ces deux plats agrémentés de deux pots d'alcool.

58. Le prince Xiao de Liang[132] aimait construire palais, parcs et jardins. Il fit bâtir le palais de la Floraison brillante avec le jardin aux Lapins[133]. Dans ce jardin, il y avait la colline aux Cent Esprits, avec la Pierre minuscule, la falaise aux Singes cabriolant, la grotte Refuge des dragons. Il y avait aussi le lac

132. Ce prince, Liu Wu, était le fils de l'empereur Wen et de l'impératrice Dou. Sa biographie figure dans l'*Histoire des Han*.

133. Ce palais avec son parc était situé à l'est de l'actuel district de Shangqiu dans la province du Henan.

岫. 又有雁池, 池間有鶴洲鳧渚. 其諸宮觀相連, 延亘數十里, 奇果異樹, 瑰禽怪獸畢備. 王日與宮人賓客弋釣其中.

59. 魯恭王好鬬雞鴨及鵝雁, 養孔雀、鵁鶄, 俸穀一年費二千石.

60. 會稽歲時獻竹簟供御, 世號為流黃簟.

61. 朱買臣為會稽太守, 懷章綬還至舍亭, 而國人未知也. 所知錢勃, 見其暴露, 乃勞之曰 : « 得無罷乎 ? » 遺與紈扇. 買臣至郡, 引為上客, 尋遷為掾史.

134. Liu Yu 劉餘 († 128), cinquième fils de l'empereur Jing. Sa biographie figure dans l'*Histoire des Han*, *juan* 53. Voir la notule 123.

135. Région du nord du Zhejiang et du sud-est du Jiangsu érigée en commanderie sous le Premier empereur.

aux Oies, avec au milieu l'île aux Grues et le débarcadère aux Canards sauvages. Ses palais étaient tous reliés et s'étendaient sur plusieurs dizaines de lieues. Dans ses parcs, on trouvait toutes sortes d'arbres fruitiers étranges, d'essences bizarres, d'animaux rares et curieux. Le prince y pêchait et y chassait tous les jours avec le personnel du palais et les invités.

59. Le prince Gong de Lu[134] aimait les combats de coqs, de canards, d'oies et de jars. Il élevait des paons et des hérons. Il dépensait deux mille boisseaux de céréales par an pour nourrir tous ces volatiles.

60. Le district de Guiji[135] livrait chaque année à l'empereur des nattes en bambou appelées nattes jaune foncé.

61. Zhu Maichen[136], devenu gouverneur de la région de Guiji, arriva en passant par des auberges de relais, et portant contre lui, sous ses vêtements, son sceau et son pendentif indiquant sa fonction. Les gens du pays ne connaissaient pas encore [sa nomination]. Une connaissance à lui, Qian Le, vit qu'il devait coucher dehors faute de place et lui dit pour le réconforter : « Vous devez être bien fatigué ! » puis lui donna un éventail rond en gaze. Quand Zhu Maichen parvint au siège de la région, il le prit dans son personnel et très vite le choisit comme assistant.

136. Zhu Maichen († 115 av. J.-C.) fit partie de la cour sous l'empereur Wu, puis fut envoyé occuper le poste de gouverneur de Guiji et, pour avoir soumis la région de Dongyue, fut nommé chef de la garde impériale. Mais il fut finalement exécuté à cause de l'inimitié qui se créa entre lui et le dignitaire Zhang Tang. Sa biographie figure dans l'*Histoire des Han*, *juan* 64.

卷第三

62. 余所知有鞠道龍善為幻術,向余說古時事:有東海人黃公,少時為術,能制龍御虎,佩赤金刀,以絳繒束髮,立興雲霧,坐成山河.及衰老,氣力羸憊,飲酒過度,不能復行其術.秦末,有白虎見於東海,黃公乃以赤刀往厭之.術既不行,遂為虎所殺.三輔人俗用以為戲,漢帝亦取以為角抵之戲焉.

63. 又說:淮南王好方士,方士皆以術見,遂有畫地成江河,撮土為山巖,噓吸為寒暑,噴嗽為雨霧.王亦卒與諸方士俱去.

137. Sur des bas-reliefs de tombes sont figurés ces spectacles de danseurs masqués. Certains représentaient des combats d'animaux joués par des acteurs, notamment de taureaux, d'où le nom d'« affrontements de cornes » pour ces danses de combat.

Livre III

62. Je connaissais un magicien, Ju Daolong, qui me racontait des histoires anciennes : Un nommé Huang Gong de la commanderie de Donghai s'exerçait à la magie depuis tout petit et pouvait maîtriser les serpents et les tigres. Il portait une épée en cuivre rouge et nouait son chignon avec un ruban de soie rouge foncé. Debout, il faisait surgir du brouillard et des nuages. Assis, il créait des montagnes et des rivières. Avec la décrépitude de l'âge, son énergie faiblissait, d'autant qu'il buvait beaucoup trop. Il n'était donc plus capable de pratiquer la magie. À la fin de la dynastie Qin, un tigre blanc ayant fait son apparition dans la région de Donghai, il partit le soumettre avec son épée de cuivre rouge. Mais sa magie ne fonctionnait plus et il fut tué par le tigre. Les gens des environs de la capitale firent de cette histoire un spectacle. Les empereurs de la dynastie Han s'en inspirèrent à leur tour pour leurs danses de combat[137].

63. Ju Daolong me raconta aussi que le prince de Huainan[138] aimait les magiciens. Aussi ceux-ci rivalisaient d'ingéniosité pour le rencontrer. Ils formaient des fleuves en dessinant sur le sol, élevaient montagnes et falaises en pétrissant la terre, soufflaient le chaud et le froid en inspirant et en expirant, faisaient tomber la pluie et la brume en éternuant et en toussant. À sa mort, le prince disparut entouré de magiciens.

138. Le prince de Huainan, Liu An (179-122 av. J.-C.) était un petit-fils de l'empereur Gaozu. Il succéda à son père comme prince de Huainan. En 122 avant J.-C., il fut accusé de fomenter une rébellion et « se punit lui-même en se suicidant ». Sa biographie figure dans l'*Histoire des Han*, *juan* 14. Ensuite s'élabora la légende selon laquelle il était devenu un Immortel et son ascension céleste, en compagnie de son entourage, serait à l'origine du dicton : « Si un seul homme obtient le Tao, même ses poules et ses chiens s'élèvent au ciel. »

64. 揚子雲好事,常懷鉛提槧,從諸計吏,訪殊方絕域四方之語,以為裨補«輶軒»所載,亦洪意也.

65. 文帝時,鄧通得賜蜀銅山,聽得鑄錢文字肉好皆與天子錢同,故富侔人主.時吳王亦有銅山鑄錢,故有吳錢微重,文字肉好與漢錢不異.

66. 楊貴字王孫,京兆人也.生時厚自奉養,死卒裸葬於終南山.其子孫掘土鑿石,深七尺而下屍,上復蓋之以石,欲儉而反奢也.

139.* Ou un « pinceau à effacer » trempé dans un liquide à base de plomb et permettant de rectifier les caractères inscrits sur des tablettes ou des lamelles de bois.

140. Il s'agissait de fonctionnaires qui chaque année se rendaient à la capitale pour faire un rapport sur les événements de leurs régions et sur l'état des comptes.

141.* À l'époque pré-impériale, chaque année, des hommes étaient envoyés en char léger recueillir les parlers locaux, et un ouvrage aurait été ainsi constitué, qui aurait ensuite été en partie perdu. En outre, les fonctionnaires locaux devaient faire parvenir à la cour des rapports sur la région qu'ils administraient, rapports concernant les comptes, le nombre d'habitants, les productions, les taxes et impôts, la présence de bandits, et qui pouvaient contenir des informations linguistiques. Le *Fangyan* (voir la note 113) composé par Yang Xiong avait pour vocation de compléter cet ancien ouvrage.

142.* Hong 洪 (« vaste ») étant le prénom de Ge Hong qui passe pour avoir édité le texte, il pourrait s'agir aussi d'une note indiquant : « C'est également mon ambition, à moi Ge Hong [que de compléter un ouvrage existant, en l'occurrence *l'Histoire des Han*]. »

143. Deng Tong, favori de l'empereur Wen, fut destitué par l'empereur Jing et mourut dans la pauvreté. Il figure dans la biographie des mignons de l'*Histoire des Han*, *juan* 93.

64. Yang Xiong était très diligent. Il portait ainsi sur lui une mine de plomb[139] et des lamelles de bois et s'enquérait auprès des comptables[140] sur les parlers locaux dans tout l'empire et dans les régions les plus reculées, afin de compléter ce qui était rapporté dans les *Émissaires en char léger*[141]. Si vaste était son ambition[142].

65. Deng Tong[143] obtint en cadeau de l'empereur Wen la montagne de Cuivre de la commanderie de Shu et, pour son obéissance, le droit de fondre de la monnaie. Les inscriptions, la forme et le trou central étaient exactement pareils aux pièces de monnaie impériales, si bien que la fortune de cet homme égala celle de l'empereur. À cette époque, le prince de Wu[144] avait aussi une montagne de cuivre et fondait de la monnaie. C'est pourquoi on trouvait aussi des pièces de monnaie de Wu, qui étaient un peu plus lourdes, mais dont les inscriptions, la forme et le trou central n'étaient pas différents de la monnaie de Han.

66. Yang Gui[145], de prénom social Wangsun, était originaire de la région de la capitale. De son vivant, il mena grand train mais à sa mort, il fut enterré nu au mont Zhongnan. Ses fils et petits-fils firent creuser la terre et casser les pierres pour déposer sa dépouille à plus de deux mètres de profondeur, puis la recouvrirent de dalles en pierre, si bien que, alors qu'il recherchait l'économie, ses funérailles finirent par coûter très cher[146].

144. Le prince de Wu était le neveu de l'empereur Gaozu, qui le plaça donc à la tête de Wu, province regroupant trois commanderies et cinquante-trois villes. Sous l'empereur Jing, en 154 avant J.-C., ce prince mena une rébellion et, vaincu, fut mis à mort. Cet événement est relaté dans sa biographie dans l'*Histoire des Han*, *juan* 35.

145. Yang Gui vécut sous l'empereur Wu. Probablement adepte du courant taoïste Huang-Lao, il voulut exprimer son refus des funérailles somptueuses (*hou sang* 厚喪) en se faisant enterrer nu. Sa biographie figure dans l'*Histoire des Han*, *juan* 67.

146.* Sur cette pratique hors norme de se faire enterrer nu, voir Jacques Gernet, « Être enterré nu », *L'Intelligence de la Chine : le social et le mental*, Paris, Gallimard, coll. Bibliothèque des histoires, 1994, p. 155-168.

67. 傅介子年十四, 好學書, 嘗棄觚而歎曰 : « 大丈夫當立功絕域, 何能坐事散儒 ! » 後卒斬匈奴使者, 還拜中郎. 復斬樓蘭王首, 封義陽侯.

68. 余少時, 聞平陵曹敞在吳章門下, 往往好斥人過, 或以為輕薄, 世人皆以為然. 章後為王莽所殺, 人無有或敢收葬者, 弟子皆更易姓名, 以從他師. 敞時為司徒掾, 獨稱吳章弟子, 收葬其尸, 方知亮直者不見容於冗輩中矣. 平陵人生為立碑於吳章墓側, 在龍首山南幕嶺上.

69. 文帝為太子, 立思賢苑以招賓客. 苑中有堂隍六所. 客館皆廣廡高軒, 屏風幃褥甚麗.

147. Loulan était un royaume en Asie centrale. Le fief de Yiyang était situé dans le Henan actuel. Les hauts faits de Fu Jiezi († 65) furent tous accomplis par ruse voire traîtrise. Sa biographie de Fu Jiezi figure dans l'*Histoire des Han*, *juan* 70.

148. On sait par sa biographie dans l'*Histoire des Han*, *juan* 67, que Cao, mis par erreur dans le texte, n'était pas son nom de famille, qui était Yun, mais que *cao* est son titre de secrétaire dans l'administration locale.

149. Wu Zhang était un docteur en érudition qui avait de très nombreux disciples.

67. À quatorze ans, Fu Jiezi aimait l'étude et la lecture, mais il abandonna les tablettes d'écriture en disant avec un soupir : « Un homme de valeur acquiert des mérites dans les terres lointaines. Comment pourrait-il rester assis, abîmé dans les arts lettrés ! » Par la suite, il tua des envoyés xiongnu et fut nommé membre de la cour. Il décapita le roi de Loulan[147] et reçut le titre de seigneur de Yiyang.

68. Quand j'étais jeune, j'avais entendu dire que Yun Chang[148], secrétaire de l'administration de Pingling, lorsqu'il était à l'école de Wu Zhang[149], prenait plaisir à critiquer les erreurs des autres. Je le considérais donc parfois comme un homme superficiel, opinion partagée par tous les contemporains. Plus tard, quand Wu Zhang fut mis à mort par Wang Mang[150], personne n'osa recueillir sa dépouille pour l'enterrer, ses disciples changèrent de nom et se rallièrent à un autre maître. Yun Chang était alors secrétaire au ministère de l'Éducation et des Mœurs. Il fut le seul à se reconnaître élève de Wu Zhang et il l'enterra. On comprit alors qu'il était un homme droit et sincère qui ne pouvait être assimilé aux gens ordinaires. Les habitants de Pingling dressèrent de son vivant une stèle en son honneur, qu'ils placèrent à côté de la tombe de Wu Zhang, située sur le versant sud du mont de la Tête de dragon[151].

69. L'empereur Wen fit construire pour son dauphin[152] le parc de l'Amour des sages pour qu'il reçoive ses invités. Dans ce parc, il y avait six bâtiments imposants. Ceux destinés à recevoir les invités comportaient terrasses, auvents élevés, paravents, tentures et sofas d'une grande beauté.

150. Wang Mang devint régent après la mort du jeune empereur Ping en 6 après J.-C. et usurpa le pouvoir en 8 en fondant sa propre dynastie, mais il fut renversé et tué au cours d'une révolte. Fut alors fondée la dynastie des Han orientaux.

151. Ce mont est situé au nord de Chang'an.

152. Ce dauphin deviendra l'empereur Jing en 157 avant J.-C.

70. 廣陵王胥有勇力,常於別囿學格熊. 後遂能空手搏之,莫不絕脰. 後為獸所傷,陷腦而死.

71. 郭威字文偉,茂陵人也. 好讀書, 以謂 « 爾雅 » 周公所制,而 « 爾雅 » 有 « 張仲孝友 »,張仲,宣王時人,非周公之制明矣. 余嘗以問揚子雲,子雲曰 : « 孔子門徒游、夏之儔所記, 以解釋六藝者也. » 家君以為 « 外戚傳 » 稱 « 史佚教其子以 « 爾雅 », « 爾雅 », 小學也. » 又記言 : « 孔子教魯哀公學 « 爾雅 ». » « 爾雅 » 之出遠矣. 舊傳學者,皆云周公所記也, « 張仲孝友 » 之類,後人所足耳.

72. 茂陵富人袁廣漢,藏鏹巨萬,家僮八九百人. 於北邙山下築園,東西四里,南北五里,激流水注

153. D'après sa biographie dans l'*Histoire des Han*, *juan* 63, ce prince, fils de l'empereur Wu, voulut profiter de ce que l'empereur Zhao n'avait toujours pas d'héritier pour s'emparer du trône et engagea une magicienne pour nuire, par des charmes, à la vie de l'empereur. Le complot découvert, il se pendit. Ici nous est donnée une version très différente de l'histoire de sa mort.

154. Le *Erya* est le plus ancien vocabulaire chinois. Il regroupe les mots en dix-neuf thèmes, mais la date de sa composition est incertaine.

155. Le duc de Zhou était le frère cadet du roi Wu qui fonda la dynastie Zhou vers 1050 avant J.-C. Il aida ensuite son neveu le roi Cheng à gouverner.

156. Zhang Zhong était un vassal du roi Xuan de Zhou (827-782 av. J.-C.).

157. Dans les *Entretiens*, Confucius dit : « Pour les connaissances livresques, il y a Ziyou et Zixia. »

158. Ouvrage ou chapitre d'un ouvrage inconnu. Le *Waiqi zhuan* 外戚傳 forme un chapitre des *Mémoires historiques* (*juan* 49) et de l'*Histoire des Han* (*juan* 97), mais la présente citation n'y figure pas.

70. Liu Xu, le prince de Guangling[153], était très fort. Il s'entraînait souvent à lutter contre des ours dans un jardin en dehors du palais. Par la suite, il devint capable de les attaquer à mains nues et à tous il brisait le cou. Mais plus tard, il fut blessé par une bête sauvage et mourut, le crâne fracassé.

71. Guo Wei, dont le prénom social était Wenwei et qui était originaire de Maoling, soutenait que le *Erya*[154] avait été composé par le duc de Zhou[155]. Mais cet ouvrage contient la phrase « Zhang Zhong était un fils pieux et un ami loyal ». Or celui-ci étant contemporain du roi Xuan[156], il est clair que le *Erya* ne peut être l'œuvre du duc de Zhou. J'ai interrogé Yang Xiong à ce sujet. Il m'a répondu : « Il a été composé par des gens de la génération de Ziyou et Zixia, disciples de Confucius, pour expliquer les Classiques[157]. » Selon mon père, c'était de longue date un manuel pour apprendre à lire et à écrire puisqu'il est écrit dans les *Biographies de personnages apparentés par les femmes*[158] que l'annaliste Yi des Zhou s'en servait pour éduquer ses enfants. Dans le *Livre des rites* figure aussi cette phrase : « Confucius enseigna le *Erya* au duc Ai du royaume de Lu[159]. » Le *Erya* est donc apparu il y a très longtemps et tous les anciens qui en ont transmis les connaissances affirment qu'il est l'œuvre du duc de Zhou. Dans ce cas, la phrase « Zhang Zhong était un fils pieux et un ami loyal » indique que l'ouvrage a été complété par la suite.

72. Yuan Guanghan[160], homme très riche de Maoling, avait accumulé des millions de ligatures de pièces de monnaie[161] et avait huit ou neuf cents domestiques. Au pied du mont Beimang[162], il construisit un parc grand de quatre lieues d'est

159. Dans le *Livre des rites* de Dai l'Ancien (*Da Dai Liji*), il est écrit que Confucius répondit au duc Ai, qui voulait étudier, que le *Erya* suffisait pour élucider le sens des mots si l'on voulait connaître l'Antiquité.

160.* Ce personnage n'est pas connu par ailleurs.

161. Les pièces de monnaie, qui comportaient un trou central, étaient enfilées sur une corde et les prix pouvaient être indiqués en nombre de ces ligatures.

162. Situé au nord de Chang'an.

其內. 構石為山, 高十餘丈, 連延數里. 養白鸚鵡、紫鴛鴦、氂牛、青兕, 奇獸怪禽, 委積其間. 積沙為洲嶼, 激水為波潮, 其中致江鷗海鶴、孕雛產鷇, 延漫林池. 奇樹異草, 靡不具植. 屋皆徘徊連屬, 重閣修廊, 行之, 移晷不能徧也. 廣漢後有罪誅, 沒入官園, 鳥獸草木, 皆移植上林苑中.

73. 五柞宮有五柞樹, 皆連三抱, 上枝蔭覆數十畝. 其宮西有青梧觀, 觀前有三梧桐樹. 樹下有石騏驎二枚, 刊其脅為文字, 是秦始皇驪山墓上物也. 頭高一丈三尺. 東邊者前左腳折, 折處有赤如血, 父老謂其有神, 皆含血屬筋焉.

74. 高祖初入咸陽宮, 周行庫府, 金玉珍寶, 不可稱言. 其尤驚異者, 有青玉五枝燈, 高七尺五

163. Celui qui devait devenir l'empereur Gaozu, mais qui n'était alors que Liu Bang, avait conclu un accord avec Xiang Yu, qui comme lui luttait pour renverser la dynastie Qin et prendre le pouvoir : le premier qui parviendrait dans la capitale attendrait l'autre avant de prendre toute décision. L'histoire rapportée ici se situe au moment où Liu Bang s'empara de la capitale, avant l'arrivée de Xiang Yu. Par la suite, Xiang Yu, mû peut-être aussi par le dépit d'être arrivé second dans cette glorieuse ville, la détruisit complètement. Les deux hommes devinrent rivaux, et après plusieurs années de combats, Liu Bang vainquit Xiang Yu. Ce n'est qu'alors qu'il devint l'empereur resté dans l'histoire sous le nom de Gaozu.

en ouest et de cinq lieues du nord au sud. Il avait détourné des cours d'eau pour l'arroser et, avec des pierres, bâti des montagnes artificielles hautes d'une trentaine de mètres et reliées entre elles sur plusieurs lieues. Il y élevait des cacatoès, des canards mandarins pourpres, des yacks, des buffles noirs et toutes sortes d'animaux étranges qu'il avait rassemblés là. Il avait aménagé des îlots avec du sable, et des barrages pour créer des vagues et cascades. Des mouettes des fleuves et échassiers marins y donnaient naissance à des petits qui pullulaient en tous lieux. Toutes les espèces d'arbres et de plantes étranges y étaient représentées. Des bâtiments communiquant entre eux décrivaient des méandres, salles imposantes et galeries se succédaient en si grand nombre qu'il était impossible de les parcourir toutes. Quand Yuan Guanghan fut exécuté pour avoir commis une faute, ce parc fut confisqué par l'État, et les animaux et plantes furent transférés dans le parc impérial.

73. Le palais aux Cinq Chênes doit son nom à cinq chênes dont le tronc peut tout juste être enlacé par trois hommes et dont la frondaison ombrage le sol sur plusieurs ares. Du côté ouest de ce palais, devant le belvédère aux Sterculiers, au pied des trois sterculiers qui poussent là, se dressent deux licornes en pierre. D'après l'inscription gravée sur leur encolure, elles faisaient partie des objets du tombeau du Premier empereur au mont Lishan. Leur tête s'élevait à plus de quatre mètres. La patte avant gauche de celle située du côté est était cassée et il y avait une tache rouge comme du sang à l'endroit de la cassure. Les anciens disaient qu'un esprit résidait dans ces sculptures et qu'elles avaient du sang et des tendons.

74. Quand Gaozu[163] entra pour la première fois dans le palais Xianyang, il fit le tour des réserves et entrepôts. Il y trouva de l'or, du jade et des pierres précieuses en nombre incalculable. Parmi les objets les plus remarquables, il y avait une lampe à cinq branches en jade foncé haute de sept pieds et

寸. 作蟠螭, 以口銜燈, 燈燃, 鱗甲皆動, 煥炳若列星而盈室焉. 復鑄銅人十二枚, 坐皆高三尺, 列在一筵上, 琴筑笙竽, 各有所執, 皆綴花采, 儼若生人. 筵下有二銅管, 上口高數尺, 出筵後. 其一管空, 一管內有繩, 大如指, 使一人吹空管, 一人紐繩, 則眾樂皆作, 與真樂不異焉. 有琴長六尺, 安十三絃, 二十六徽, 皆用七寶飾之, 銘曰 : 璠璵之樂. 玉管長二尺三寸, 二十六孔, 吹之則見車馬山林, 隱轔相次, 吹息亦不復見, 銘曰 : 昭華之琯. 有方鏡, 廣四尺, 高五尺九寸, 表裏有明, 人直來照之, 影則倒見. 以手捫心而來, 則見腸胃五臟, 歷然無硋. 人有疾病在內, 則掩心而照之, 則知病之所在. 又女子有邪心, 則膽張心動. 秦始皇常以照宮人,

164. Selon le système en vigueur à l'époque des Han, un pied mesure 0,231 m, et le pouce est son dixième. La lampe de jade est donc haute de 1,73 m.

165.* Soit 69,3 cm.

166.* Soit une hauteur de plusieurs dizaines de centimètres.

167.* Soit 1,39 m.

168.* Il s'agit du jade *fanyu*, jade du royaume de Lu célébré pour sa qualité et sa beauté.

cinq pouces[164]. En bas, un dragon lové tenait les lampes dans sa gueule. Lorsqu'elles étaient allumées, toutes ses écailles bougeaient et l'éclairage donnait l'impression que la pièce était remplie d'étoiles. Douze personnages en bronze hauts de trois pieds[165] étaient assis, alignés sur une natte, et chacun tenait un instrument de musique, cithares à sept cordes, cithares à treize cordes, orgues à bouche de différentes tailles. On aurait dit des personnes vivantes. Sous la natte, deux tubes en bronze dont l'embouchure supérieure s'élevait à plusieurs pieds[166] sortaient par-derrière. Un des tubes était vide et l'autre contenait une ficelle grosse comme un doigt. Un homme soufflait dans le tube vide et un autre tirait sur la ficelle. Tous les instruments se mettaient alors à résonner sans aucune différence avec de vrais instruments. Se trouvait là aussi une cithare longue de six pieds[167] avec treize cordes et vingt-six marques pour les notes. Elle était entièrement ornée de pierres précieuses et sur le dessus, était inscrit « musique du suprême jade[168] ». Il y avait des flûtes à vingt-six trous longues de deux pieds et trois pouces[169], sur lesquelles était inscrit « flûtes à l'éclat brillant ». Lorsqu'on en jouait, on avait l'impression de voir et d'entendre le tintement de chars tirés par des chevaux parcourant montagnes et forêts, et tout ceci disparaissait dès que l'on cessait. Un miroir rectangulaire, large de quatre pieds et haut de près de cinq pieds et neuf pouces[170], réfléchissait l'image des deux côtés : lorsque l'on se tenait devant, le reflet apparaissait à l'envers. Si on s'approchait en se frottant légèrement le cœur, les entrailles devenaient clairement visibles et aucune partie des viscères n'était cachée. Ainsi quand quelqu'un avait une maladie interne, il se mirait en appuyant à l'endroit du cœur et cela permettait de savoir où se situait

169.* Soit 53 centimètres.

170.* Soit une largeur de 92,4 cm pour une hauteur de 1,36 m.

膽張心動者則殺之. 高祖悉封閉以待項羽, 羽併將以東, 後不知所在.

75. 尉佗獻高祖鮫魚、荔枝, 高祖報以蒲桃錦四匹.

76. 戚夫人侍兒賈佩蘭, 後出為扶風人段儒妻. 說在宮內時, 見戚夫人侍高帝, 嘗以趙王如意為言, 而高祖思之, 幾半日不言, 歎息悽愴, 而未知其術, 輒使夫人擊筑, 高祖歌 « 大風 » 詩以和之. 又說在宮内時, 嘗以絃管歌舞相歡娛, 競為妖服, 以趣良時. 十月十五日, 共入靈女廟, 以豚黍樂神, 吹笛擊筑, 歌 « 上靈 » 之曲. 既而相與連臂踏地為節, 歌 « 赤鳳凰來 ». 至七月七日, 臨百子池, 作于

171.* Sur ce personnage qui avait fondé un royaume au sud de l'empire des Han, voir la notule 25.

172. Concubine de l'empereur Gaozu, elle eut avec lui un fils, Ruyi, dont elle et l'empereur auraient voulu faire le dauphin. Mais par peur de l'impératrice qui tenait à ce que son fils restât dauphin, Gaozu y renonça, et, à la mort de celui-ci, l'impératrice fit assassiner Ruyi et périr la favorite Qi avec une cruauté abjecte : voir les notules 8 à 11.

173. Sorte de cithare dont on jouait avec un plectre en bambou. Sa forme ressemble au *zheng* 箏.

le mal. Si une fille avait des pensées déloyales, on voyait sa vésicule se tendre et son cœur trembler. Le Premier empereur examinait souvent ainsi les dames du palais et mettait à mort celles qui présentaient ces symptômes. Gaozu fit sceller tous ces trésors en attendant Xiang Yu. Celui-ci les fit transporter vers l'est et personne ne sait ce qu'ils sont devenus par la suite.

75. Zhao Tuo[171] offrit un requin et des litchis à Gaozu, qui l'en remercia en lui donnant quatre rouleaux de brocart brodé de fleurs de vigne.

76. Jia Peilan, servante de la favorite impériale Qi[172], quitta ensuite le palais et épousa Duan Ru, originaire de Fufeng. Elle racontait que, lorsqu'elle était au palais, elle vit dame Qi qui, en servant l'empereur, lui parla de leur fils Ruyi. Gaozu resta longtemps sans répondre, plongé dans ses réflexions, soupirant tristement, incapable de trouver une solution. Il finit par demander à la concubine de jouer de la cithare *zhu*[173] et l'accompagna en chantant le poème du *Grand vent*[174]. Elle racontait aussi que, pendant son séjour au palais, on se distrayait en jouant de la musique, en chantant, en dansant. Tout le monde était revêtu de beaux habits et passait d'agréables moments. Le quinzième jour du dixième mois, on allait ensemble au temple de la Déesse. On y offrait du porc et du riz glutineux. Pour réjouir la divinité, on y jouait d'instruments à vent et à cordes, on y chantait l'air de *La Divinité céleste* et, en formant une chaîne, on frappait le sol en cadence avec ses pieds tout en chantant *Le Couple de phénix rouges arrive*. Le septième jour du septième mois, au bord du lac des Cent Fils, on jouait de la

174. Selon les « Annales de l'empereur Gaozu » dans les *Mémoires historiques* (*juan* 8, p. 389), ce poème aurait été composé par l'empereur lui-même lors de la dernière année de son règne (en 195 avant J.-C.) lorsque, sur le chemin du retour après être parti mater la rébellion de Ying Bu 英布, il passa par son pays natal de Pei 沛 : « Un grand vent se lève et les nuages s'envolent / Son prestige s'impose au monde entier puis il s'en revient au pays natal / Obtiendrai-je des hommes aussi valeureux pour garder les quatre orients de l'empire ? » 大風起兮雲飛揚，威加海內兮歸故鄉，安得猛士兮守四方 ？

闐樂. 樂畢, 以五色縷相羈, 謂為相連愛. 八月四日, 出雕房北戶, 竹下圍棋, 勝者終年有福, 負者終年疾病, 取絲縷, 就北辰星求長命乃免. 九月九日, 佩茱萸, 食蓬餌, 飲菊華酒. 令人長壽, 菊華舒時, 并採莖葉, 雜黍米釀之, 至來年九月九日始熟, 就飲焉, 故謂之菊華酒. 正月上辰, 出池邊盥濯, 食蓬餌, 以祓妖邪. 三月上巳, 張樂於流水, 如此終歲焉. 戚夫人死, 侍兒皆復為民妻也.

77. 何武葬北邙山薄龍坂, 王嘉冢東北一里.

175. Le mot *chen* est le cinquième signe de la duodécade sexagésimale (les douze branches) du calendrier chinois ; le jour en question est donc le premier qui portera ce signe dans le cours du premier mois de l'année civile. De même, plus loin, le mot *si* marque le sixième signe de la duodécade sexagésimale.

176.* En 194 avant J.-C.

177. He Wu († 3 ap. J.-C.), de prénom social Jungong 君公, originaire de la région de Shu, haut dignitaire sous les empereurs Xuan et Cheng, devint Censeur impérial (*Yushi dafu* 御史大夫) sous l'empereur Ai, cherchant à limiter le favoritisme, et fut anobli seigneur de Fanxiang 氾鄉侯. Comme il cherchait à limiter la concentration du pouvoir entre les mains de Wang Mang suite à la mort de l'empereur Ai, il fut mis en accusation et se suicida. Sa biographie figure dans l'*Histoire des Han, juan* 86.

178. Wang Jia († 2 av. J.-C.), originaire de Pingling 平陵, fut anobli seigneur de Xinfu 新甫侯, et obtint en 5 avant J.-C. le rang suprême de chancelier (*Chengxiang* 丞相) de l'empereur Ai : il voulut alors imposer une réforme du système de recommandation et une limitation des dons excessifs accordés aux favoris, qui suscitèrent l'opposition violente des puissants. Accusé de « conduite immorale » (*budao* 不道), il préféra au suicide la prison, où il mourut, refusant de manger et crachant du sang. L'empereur

musique d'Asie centrale, puis on se liait les uns aux autres avec une cordelette multicolore, qu'on appelait le ruban qui réunit. Le quatrième jour du huitième mois, on sortait par la porte nord de la salle Sculptée et on jouait au go sous les bambous. Pendant toute une année, le vainqueur aurait du bonheur et le perdant serait malade, mais on pouvait éviter ce mauvais sort en tenant un fil de soie et en priant la constellation de l'Étoile du Nord d'accorder longue vie. Le neuvième jour du neuvième mois, on accrochait sur soi de la zanthoxyle, on mangeait des galettes aux chrysanthèmes et on buvait du vin aux fleurs de chrysanthème pour vivre longtemps. Lorsque les chrysanthèmes étaient en fleurs, des feuilles et des tiges étaient mélangées à du riz glutineux et laissées à fermenter jusqu'au neuvième jour du neuvième mois de l'année suivante. Ce vin, que l'on appelait donc vin aux fleurs de chrysanthème, était alors prêt à être bu. Le premier jour *chen* du premier mois[175], on sortait au bord d'un lac et on s'y lavait le visage et les mains pour se purifier ; on mangeait des galettes aux chrysanthèmes des jardins pour écarter malheurs et maléfices. Le premier jour *si* du troisième mois, on jouait de la musique au bord des cours d'eau et ainsi se déroulait l'année. À la mort de la favorite Qi[176], toutes ses servantes furent mariées à des hommes du peuple.

77. He Wu[177] fut enterré sur la pente Bolong du mont Beimang, à une lieue au nord-est du tombeau de Wang Jia[178].

Ai regretta par la suite la disparition de son ministre et nomma un homme de sa trempe, He Wu, comme Censeur impérial. Sa biographie figure dans l'*Histoire des Han*, *juan* 86. Il est intéressant de voir souligné ici le fait que les tombes de ces deux personnages sont voisines, comme leurs biographies rassemblées dans un même chapitre de l'*Histoire des Han*, afin de souligner leurs qualités communes.

78. 杜子夏葬長安北四里, 臨終作文曰 : « 魏郡杜鄴, 立志忠欵, 犬馬未陳, 奄先草露. 骨肉歸於后土, 氣魂無所不之. 何必故丘, 然後即化. 封於長安北郭, 此焉宴息. » 及死, 命刊石, 埋於墓側. 墓前種松柏樹五株, 至今茂盛.

79. 淮南王安著 « 鴻烈 » 二十一篇. 鴻, 大也. 烈, 明也. 言大明禮教. 號為淮南子, 一曰劉安子. 自云 : « 字中皆挾風霜 », 揚子雲以為一出一入.

80. 公孫弘著 « 公孫子 », 言刑名事, 亦謂字直百金.

179. Du Ye 杜鄴, de prénom social Zixia 子夏, dont le clan est originaire de la commanderie de Wei (située dans l'actuelle province du Hebei), fut un haut dignitaire occupant diverses charges sous les empereurs Cheng et Ai. Il est réputé, comme les deux figures citées dans la notule précédente, pour avoir lutté contre le favoritisme de l'époque de l'empereur Ai. Il eut cependant la chance de mourir de maladie. On a là un premier témoignage concernant l'écriture d'une « auto-épitaphe ». Par ailleurs, ce personnage s'écarte explicitement de la pratique funéraire courante qui consistait à rapatrier le corps dans son pays natal (il était même possible de demander une retraite anticipée de manière à « rapatrier ses os » de son vivant, afin de limiter les dépenses et d'être certain de se faire enterrer dans son pays). Sa biographie figure dans l'*Histoire des Han*, *juan* 85.

180. Liu An (179-122 av. J.-C.), petit-fils de l'empereur Gaozu, hérita de son père, Liu Chang, le titre de prince de Huainan. Accusé de fomenter une rébellion, il se suicida : voir la notule 63.

78. Du Ye[179] fut enterré à quatre lieues au nord de Chang'an. Sur le point de mourir, il avait écrit : « Moi, Du Ye, né dans la commanderie de Wei, mon ambition était d'être fidèle et sincère mais je n'ai pas encore accompli mes devoirs de serviteur, emporté plus vite encore que la rosée ne s'évapore. Quand mes os et ma chair seront revenus à la terre, mon esprit et mon énergie iront librement partout. Est-il donc nécessaire de m'enterrer dans mon pays natal pour que je me transforme ? Que l'on m'enterre auprès des murailles nord de Chang'an pour mon repos. » À sa mort, ce texte fut gravé sur une stèle qui fut enterrée à côté de sa tombe et, devant, furent plantés cinq pins, qui sont encore florissants aujourd'hui.

79. Liu An, prince de Huainan[180], écrivit le *Hong lie* en vingt et un chapitres[181]. *Hong* signifie « grand » et *lie* « lumineux ». Il indique ainsi qu'il amplifie et éclaire l'enseignement des rites. Cet ouvrage est aussi intitulé *Le Maître de Huainan* (*Huainan Zi*) ou *Le Maître Liu An* (*Liu An Zi*). Lui-même disait : « Les mots y enserrent le vent et la gelée blanche[182]. » Yang Xiong[183] considérait que ce texte parfois entrait dans la Voie et parfois en sortait[184].

80. Gongsun Hong écrivit *Maître Gongsun*, qui traite des dénominations et des châtiments[185] et dont on disait qu'un seul de ses mots valait cent onces d'or[186].

181. Les *Écrits du prince de Huainan* (*Huainan Zi*) sont traduits dans *Philosophes taoïstes*, II, *Huainan Zi*, texte traduit, présenté et annoté sous la direction de Charles Le Blanc et Rémi Mathieu, Paris, Gallimard, coll. Bibliothèque de la Pléiade, 2003.

182.* L'expression désignerait la difficulté et la profondeur de l'œuvre.

183. À propos de Yang Xiong, voir la notule 42.

184.* Voir *Fayan*, XII, 9 (*Maîtres mots*, *op. cit.*, p. 133) : « Telle est la nécessité de la Voie lettrée ! Il en sort aussi soudainement qu'il y entre, tel est le prince de Huainan. »

185.* C'est ainsi qu'est souvent désigné un courant du légisme, rattaché à la figure de Shen Buhai 申不害.

186. Cet ouvrage est aujourd'hui perdu. À propos de Gongsun Hong, voir la notule 34. Une telle notule semble aller dans le sens de certains jugements sur Gongsun Hong, qui dénonçaient un légiste caché sous des habits de lettré confucéen.

81. 司馬長卿賦, 時人皆稱典而麗, 雖詩人之作, 不能加也. 揚子雲曰 : « 長卿賦不似從人間來, 其神化所至邪 ? » 子雲學相如為賦而弗逮, 故雅服焉.

82. 長安有慶虬之, 亦善為賦. 嘗為 « 清思賦 », 時人不之貴也, 乃託以相如所作, 遂大見重於世.

83. 相如將獻賦, 未知所為. 夢一黃衣翁謂之曰 : « 可為 « 大人賦 ». » 遂作 « 大人賦 », 言神仙之事以獻之, 賜錦四匹.

84. 相如將聘茂陵人女為妾, 卓文君作 « 白頭吟 » 以自絕, 相如乃止.

85. 樊將軍噲問陸賈曰 : « 自古人君皆云受命於天, 云有瑞應, 豈有是乎 ? » 賈應之曰 : « 有之,

187. Voir la notule 38.

188. Voir la notule 42.

189.* D'après le *Fayan*, Yang Xiong s'était détourné de la composition de *fu* peu après son arrivée à la capitale Chang'an, car il se serait rendu compte de ce que cette forme littéraire faisait intimement partie de la vie excessive et luxueuse de la cour impériale (voir *Maîtres mots*, *op. cit.*, p. 13-14).

190.* Personnage inconnu par ailleurs.

191. Il s'agit de l'empereur Wu (r. 141-87).

192. Ce poème contient cette phrase : « Je voulais un homme au cœur unique jusqu'à ce que nos cheveux deviennent blancs. » Voir la traduction dans *Anthologie de la littérature chinoise classique*, Arles, Picquier, 2004, p. 232.

81. Tous les contemporains de Sima Xiangru[187] louaient le classicisme et la beauté de ses poèmes en prose (*fu*), que même les œuvres des poètes classiques ne pouvaient dépasser. Yang Xiong[188] disait : « Ses poèmes en prose ne semblent pas venir du monde humain, mais plutôt être le fruit d'une mutation divine. » Il avait en effet cherché à les imiter sans pouvoir atteindre leur niveau, c'est pourquoi il les admirait tellement[189].

82. Un habitant de Chang'an nommé Qing Qiuzhi[190] composait de beaux poèmes en prose. Comme ses contemporains n'appréciaient pas son *Poème de la pensée pure*, il fit croire qu'il avait été écrit par Sima Xiangru et tout le monde alors l'admira.

83. Sima Xiangru voulait offrir un poème en prose à l'empereur[191], mais ne savait pas quel thème choisir. Il rêva qu'un vieillard en habit jaune lui dit : « Vous pourriez composer un poème sur le grand homme. » Alors il écrivit son *Fu du grand homme*, où il évoque des divinités et des Immortels. Il le présenta à l'empereur, qui lui donna en remerciement quatre rouleaux de brocart.

84. Lorsque Sima Xiangru voulut prendre comme concubine une jeune fille de Maoling, son épouse composa *Chant des cheveux blancs*[192] pour rompre avec lui, et il abandonna son projet.

85. Le général Fan Kuai[193] demanda à Lu Jia[194] : « Depuis l'Antiquité, tous les souverains prétendent qu'ils ont reçu le mandat du ciel et qu'ils en ont eu un présage faste. Est-ce vrai ? — Oui, répondit Lu Jia. Quand les paupières clignent, on recevra à boire et à manger. Quand la flamme de la lampe

193. Fan Kuai († 189 av. J.-C.), ancien boucher de viande de chien, aida Liu Bang à fonder la dynastie Han.

194. Penseur qui conseilla l'empereur Gaozu en politique. On lui attribue la composition du *Xinyu* 新語 : voir Lu Jia, *Nouveaux discours*, texte présenté, traduit et annoté par Stéphane Feuillas et Béatrice L'Haridon, Paris, Les Belles Lettres, coll. « Bibliothèque chinoise », 2012.

夫目瞤得酒食,燈火華得錢財,乾鵲噪而行人至,蜘蛛集而百事喜.小既有徵,大亦宜然.故目瞤則咒之,火華則拜之,乾鵲噪則餧之,蜘蛛集則放之.況天下大寶,人君重位,非天命何以得之哉?瑞者,寶也,信也.天以寶為信,應人之德,故曰瑞應.無天命,無寶信,不可以力取也.»

86. 霍將軍妻一產二子,疑所為兄弟.或曰:«前生為兄,後生者為弟.今雖俱日,亦宜以先生為兄.»或曰:«居上者宜為兄,居下宜為弟,居下者前生,今宜以前生為弟.»時霍光聞之曰:«昔殷王祖甲一產二子,曰囂,曰良.以卯日生囂,以巳日生良,則以囂為兄,以良為弟.若以在上者為兄,囂亦當為弟.昔許釐莊公一產二女,曰妖,曰茂,楚

195. Il s'agit de Huo Xian : voir la notule 18.

196. Le jour *mao* est le quatrième de la duodécade sexagésimale, et le jour *si* le sixième. Il aura donc fallu deux jours à l'épouse de ce roi légendaire des Yin (vers 1200 av. J.-C.) pour accoucher de ses jumeaux.

197.* Le royaume de Xu est un royaume ancien qui fut ensuite envahi par le royaume de Chu. Le texte indique « le duc Li Zhuang de Xu », « Zhuang » étant probablement une interpolation.

clignote, on obtiendra de l'argent. Quand une pie chante, un visiteur viendra. Quand des araignées se rassemblent, un événement heureux surviendra. Si pour des broutilles on reçoit un présage, c'est encore plus normal lorsqu'il s'agit de choses importantes. C'est pourquoi quand les paupières clignent, on fait une prière ; quand la flamme clignote, on remercie ; quand une pie chante, on lui donne à manger ; quand des araignées se rassemblent, on les laisse faire. À plus forte raison pour ce qui est le plus précieux dans l'empire, le trône d'un souverain, comment pourrait-on l'obtenir sans un mandat céleste ? Un présage est un trésor en lequel on peut avoir confiance. Étant une réponse à la vertu de certains hommes, on dit que c'est un augure faste. Sans mandat céleste, sans la confiance en ce trésor qu'est un présage faste, comment pourrait-on obtenir le trône par le seul usage de la force ! »

86. L'épouse du général Huo Guang[195] ayant donné naissance à des jumeaux se demandait lequel était l'aîné et lequel le cadet. Certains lui dirent ceci : « Le premier-né est l'aîné, et celui qui naît ensuite est le cadet. Même s'ils sont nés le même jour, il convient donc de considérer le premier-né comme l'aîné. » Mais d'autres lui dirent : « Il convient que celui qui était en haut soit l'aîné et celui qui était en bas le cadet. Celui qui était en bas est sorti le premier, donc le premier-né doit être considéré comme le cadet. » Après avoir écouté ces propos, Huo Guang trancha : « Le roi Zujia de la dynastie Yin eut des jumeaux, l'un appelé Xiao et l'autre appelé Liang. Xiao naquit un jour *mao* et Liang deux jours plus tard, un jour *si*[196]. Il décida donc que Xiao serait l'aîné et Liang le cadet. Si l'on considère celui du dessus comme l'aîné, Xiao aurait dû être le cadet et Liang l'aîné. Jadis le duc Li[197] du royaume de Xu eut des jumelles, Yao et Mao. Tang Le[198],

198.* Tang Le fut également un célèbre écrivain de poèmes en prose.

大夫唐勒一產二子，一男一女，男曰貞夫，女曰瓊華．皆以先生為長．近代鄭昌時、文長蒨並生二男，滕公一生二女，李黎生一男一女，並以前生者為長．» 霍氏亦以前生為兄焉．

87. 枚臯文章敏疾，長卿制作淹遲，皆盡一時之譽．而長卿首尾温麗，枚臯時有累句，故知疾行無善迹矣．揚子雲曰：« 軍旅之際，戎馬之間，飛書馳檄，用枚臯；廊廟之下，朝廷之中，高文典冊，用相如．»

卷第四

88. 安定嵩真、玄菟曹元理，並明算術，皆成帝時人．真嘗自算其年壽七十三，真綏和元年正月二十五日晡時死，書其壁以記之．至二十四日晡時死．其妻曰：« 見真算時，長下一算，欲以告之，

199.* Personnages inconnus par ailleurs.

200.* Ou Xiahou Ying, personnage du début des Han : voir la notule 94.

201. Contemporain de Sima Xiangru qui écrivit une centaine de poèmes en prose (*fu*) empreints d'humour, dont la plupart sont perdus.

202. Voir les notules 38 et 81 à 84.

203. Voir la notule 42.

204. On n'a trouvé mention de Cao Yuanli et de Chen Guanghan que dans le présent ouvrage, de même que de Song Zhen dans la notule précédente.

ministre du royaume de Chu, eut des jumeaux, un garçon, appelé Zhenfu, et une fille, appelée Qionghua. Dans ces deux cas, le premier-né fut considéré comme l'aîné. Récemment, Zheng Changshi et Wen Changqian[199] eurent des jumeaux, le duc de Teng[200] des jumelles, et Li Li des jumeaux, un garçon et une fille. Tous décidèrent que le premier-né était l'aîné. » Le clan des Huo décida donc que le premier-né serait l'aîné.

87. Mei Gao[201] écrivait vite et Sima Xiangru[202] lentement, et tous deux étaient admirés par leurs contemporains. Toutefois les écrits de Sima Xiangru sont très beaux du début à la fin, alors que ceux de Mei Gao comportent parfois des défauts, d'où l'on voit qu'une écriture trop rapide laisse de mauvaises traces. Yang Xiong[203] disait : « Si vous êtes à l'armée au milieu de charges de cavalerie et qu'il faut envoyer des messages ou des convocations urgentes, dans le feu de l'action, imitez Mei Gao. Si vous êtes dans un temple ou à la cour et qu'il faut un style classique et un ton élevé, imitez Sima Xiangru. »

Livre IV

88. Song Zhen de la commanderie de Anding et Cao Yuanli de la commanderie de Xuantu savaient prédire l'avenir. Ils vécurent tous deux sous l'empereur Cheng[204]. Song Zhen avait prédit qu'il vivrait soixante-treize ans et qu'il mourrait entre trois et cinq heures de l'après-midi du vingt-cinquième jour du premier mois de la première année de l'ère Suihe[205], et il l'avait inscrit sur un mur pour s'en souvenir. Or il mourut à l'heure prévue, mais la veille du jour prédit. « J'avais remarqué, dit sa femme, que, lors de ses calculs, il avait ajouté un trait de

205. Heure *bushi* 哺時. La première année de l'ère Suihe 綏和 correspond à l'an 8 avant J.-C.

慮脫有旨,故不敢言,今果校一日.» 真又曰:«北邙青隴上孤檟之西四丈所,鑿之入七尺,吾欲葬此地.» 及真死,依言往掘,得古時空槨,即以葬焉.

89. 元理嘗從其友人陳廣漢,廣漢曰:«吾有二囷米,忘其石數,子為計之.» 元理以食筯十餘轉,曰:«東囷七百四十九石二升七合.» 又十餘轉,曰:«西囷六百九十七石八斗.» 遂大署囷門.後出米,西囷六百九十七石七斗九升,中有一鼠,大堪一升;東囷不差圭合.元理後歲復過廣漢,廣漢以米數告之,元理以手擊牀曰:«遂不知鼠之殊米,不如剝面皮矣!» 廣漢為之取酒,鹿脯數片,元理復算,曰:«藷蔗二十五區,應收一千五百三十六枚.蹲鴟三十七畝,應收六百七十三石.千牛產二百犢,萬雞將五萬鶵.» 羊豕鵝鴨,皆道其數,果蓏

206.* Soit 9,24 m.

207.* 1 *dan* = 10 *dou* (boisseaux) = 100 *sheng* (poignées) = 1000 *ke*. À l'époque des Han, 1 *dou* équivaut à 2 litres. Cao Yuanli calcule donc très précisément que le silo de l'ouest contient 14 980,47 litres.

trop. J'avais voulu le prévenir, mais finalement je n'ai pas osé le faire, pensant que c'était intentionnel. En fait, il avait bien commis une erreur d'un jour. » Song Zhen avait aussi déclaré : « Sur le pic Qinglong du mont Beimang, quatre toises[206] à l'ouest d'un catalpa isolé, creusez un trou de sept pieds, car c'est là que je veux être enterré. » À sa mort, on creusa là où il avait dit et on y trouva un ancien cercueil extérieur vide. On l'y enterra.

89. Cao Yuanli alla rendre visite à son ami Chen Guanghan, qui lui dit : « J'ai deux silos de riz, mais j'ai oublié la quantité que cela représente. Calcule-la pour moi. » Cao Yuanli fit tourner des baguettes plus de dix fois et lui répondit : « Le silo de l'est contient sept cent quarante-neuf *dan*, deux *sheng* et sept *ke*[207]. » Il fit de nouveau tourner les baguettes plus de dix fois et ajouta : « Le silo de l'ouest contient six cent quatre-vingt-dix-sept *dan* et huit *dou*[208]. » Ces estimations furent inscrites sur la porte de chaque silo. Lorsqu'on sortit le riz, il s'avéra que le silo de l'ouest ne contenait que six cent quatre-vingt-dix-sept *dan*, sept *dou* et neuf *sheng*, mais qu'il y avait une souris à l'intérieur qui occupait un volume équivalent à un *sheng*. En revanche, le nombre trouvé pour le silo de l'est était exact. L'année suivante, Cao Yuanli revint voir Chen Guanghan, qui lui fit part des quantités trouvées. « Je n'ai pas su m'apercevoir de la différence entre une souris et du riz. Quelle honte ! » s'écria Cao Yuanli en frappant le sofa. Chen Guanghan lui servit alors de l'alcool et quelques morceaux de viande de cerf séchée. Cao Yuanli se livra à de nouveaux calculs et dit à son hôte : « Tes vingt-cinq lopins de patates douces vont te rapporter mille cinq cent trente-six patates douces, tes trente-sept *mu* de taros vont produire six mille sept cent trente boisseaux. Tes mille bovidés donneront deux cents veaux et tes dix mille poules cinquante mille poussins. » Et il continua ses calculs pour les moutons, les porcs, les oies et les canards. Il sut

208.* Soit 13 956 litres.

肴蔌，悉知其所，乃曰：« 此資業之廣，何供饋之偏邪？» 廣漢慚，曰：« 有倉卒客，無倉卒主人. » 元理曰：« 俎上蒸㹠一頭，厨中荔枝一柈，皆可為設. » 廣漢再拜謝罪，自入取之，盡日為歡. 其術後傳南季，南季傳項�，瑫傳子陸，皆得其分數，而失玄妙焉.

90. 衛將軍青生子，或有獻騧馬者，乃命其子曰騧，字叔馬. 其後改為登，字叔昇.

91. 哀帝為董賢起大第於北闕下，重五殿，洞六門，柱壁皆畫雲氣華藟，山靈水怪，或衣以綈錦，或飾以金玉. 南門三重，署曰南中門、南上門、南更門. 東西各三門，隨方面題署，亦如之. 樓閣臺榭，轉相連注，山池玩好，窮盡雕麗.

209. Célèbre général en chef, mort en 106 avant J.-C., qui mena plusieurs campagnes contre les Xiongnu. Sa biographie figure dans les *Mémoires historiques* et dans l'*Histoire des Han*, *juan* 55. Il eut trois fils, dont celui-ci était le benjamin. Grâce aux mérites de leur père, ils furent anoblis, avant d'être ensuite destitués de leur titre pour avoir enfreint la loi.

210. Régna de 7 à 1 av. J.-C.

211. Dong Xian (22-1 av. J.-C.), par sa beauté et sa douceur, était devenu le mignon de l'empereur Ai, qui l'éleva au rang de chambellan de la maison impériale et l'anoblit. Il partageait le char et le lit de l'empereur, et en recevait beaucoup de cadeaux magnifiques. À la mort de l'empereur, quand Wang Mang, qui avait usurpé le pouvoir, le soumit à une enquête, il se suicida par peur du châtiment. Il figure dans la biographie des mignons de l'*Histoire des Han*, *juan* 93.

également évaluer la quantité de fruits, cucurbitacées, viandes et légumes en sa possession. « Avec une telle production, lui dit-il, pourquoi es-tu si mesquin ? — Quand un invité arrive soudainement, le maître de maison n'est pas forcément prêt à le recevoir, répondit Chen Guanghan, tout honteux. — Tu as sur la planche à découper un porcelet cuit à la vapeur et un panier de litchis à la cuisine. Tu pourrais les servir. » Chen Guanghan se confondit en excuses, les apporta lui-même, et ils passèrent toute la journée à festoyer. Cet art de jauger fut transmis à Nan Ji, qui le transmit à Xiang Tao, qui le transmit à son fils Lu. Tous en acquirent une parfaite maîtrise, sans toutefois égaler le merveilleux savoir-faire de Cao Yuanli.

90. Le général Wei Qing[209], ayant eu un fils alors qu'il venait de recevoir en cadeau un cheval au museau noir, donna à ce fils Museau noir pour prénom d'enfance et Cheval cadet pour prénom social. Par la suite, il changea le prénom d'enfance en Deng (« gravir ») et le prénom social en Shusheng (« ascension le cadet »).

91. L'empereur Ai[210] fit construire une grande demeure pour Dong Xian[211] en contrebas de la tour du Nord[212]. Elle comprenait cinq bâtiments séparés avec six portes qui se faisaient face. Les piliers et les murs étaient peints de nuages et de fleurs, d'esprits des montagnes et de créatures aquatiques étranges. Certains étaient recouverts de brocarts, d'autres décorés d'or et de jade. Il y avait trois portes d'enceinte au sud appelées porte sud du Milieu, porte sud Supérieure et porte sud Courante. À l'ouest et à l'est, il y avait également trois portes qui portaient chacune un nom comme au sud. Les bâtiments et terrasses, répartis parmi des collines et des lacs artificiels, étaient reliés pour qu'on pût mieux s'y distraire. Tout était d'un raffinement remarquable.

212.* Voir l'*Histoire des Han*, *juan* 1B (Annales de Gaozu) : « Lorsque Xiao He fit construire le palais Weiyang, il fit édifier la tour de l'Est, la tour du Nord, la salle de Devant, la réserve des armées et le Grand Grenier. » (蕭何治未央宮, 立東闕、北闕、前殿、武庫、太倉.) On faisait entrer les ministres au palais par la tour du Nord.

92. 平津侯自以布衣為宰相，乃開東閣，營客館，以招天下之士. 其一曰欽賢館，以待大賢；次曰翹材館，以待大才；次曰接士館，以待國士. 其有德任毗贊、佐理陰陽者，處欽賢之館. 其有才堪九烈將軍二千石者，居翹材之館. 其有一介之善，一方之藝，居接士之館. 而躬自菲薄，所得俸祿，以奉待之.

93. 閩越王獻高帝石蜜五斛，蜜燭二百枚，白鷴黑鷴各一雙，高帝大悅，厚報遣其使.

94. 滕公駕至東都門，馬鳴，跼不肯前，以足跑地久之. 滕公使士卒掘馬所跑地，入三尺所，得石槨.

213. Il s'agit de Gongsun Hong : voir la notule 34.

214. Sous les Han, les neuf hauts dignitaires étaient le Maître des cérémonies, le chambellan personnel de l'empereur, le commandant de la garde, le Grand Écuyer chargé d'accompagner l'empereur, le chef de justice, le chargé de la réception des ambassadeurs et des grands vassaux, le chambellan chargé du clan impérial, le Grand Intendant de l'agriculture et l'Intendant du palais. Au-dessus d'eux, il y avait les Trois Ducs, le Premier ministre, le général en chef des armées et le Grand Censeur.

215.* Cette notule semble entrer en contradiction avec ce qui nous est dit du même personnage dans la notule 34.

92. Quand le marquis de Pingjin[213], issu d'une famille humble, devint Premier ministre, il fit percer une porte du côté est de sa demeure et ajouter des bâtiments pour y loger des invités et des lettrés venus de tout l'empire. Un de ces bâtiments, appelé Honneur des sages, était destiné aux sages, un autre, appelé Hommes remarquables, était destiné aux personnes de grand talent, et le troisième, appelé celui des Lettrés, était destiné à des lettrés particulièrement doués. Ceux dont les vertus leur permettaient d'assister le gouvernement ou qui pouvaient aider à comprendre les transformations du Yin et du Yang habitaient le bâtiment Honneur des sages. Ceux dont les talents les rendaient capables d'occuper la charge d'un des neuf hauts dignitaires[214], d'être général ou fonctionnaire aux émoluments de vingt mille boisseaux de céréales, habitaient le bâtiment des Hommes remarquables. Ceux qui avaient des qualités inférieures, mais qui excellaient dans une discipline particulière, occupaient le bâtiment des Lettrés. Gongsun Hong lui-même vivait très simplement et consacrait l'intégralité de ses revenus à entretenir tous ces personnages[215].

93. Le roi de Min et Yue[216] offrit à l'empereur Gaozu cinquante boisseaux de miel sauvage, de la cire pour deux cents bougies, un couple de faisans argentés et de faisans noirs. L'empereur, ravi, le remercia par de nombreux cadeaux, qu'il lui fit parvenir par ses envoyés.

94. Alors que le duc de Teng[217] arrivait à cheval à la porte Est de la capitale, sa monture se mit à hennir, plia ses pattes sans consentir à avancer et resta longtemps à piétiner le sol. Le duc fit creuser la terre par des gardes à cet endroit. À trois pieds de profondeur, ils trouvèrent un cercueil extérieur en

216. Le roi de Min et Yue était Wuzhu, aussi appelé Min-ao, qui aida Gaozu à fonder la dynastie Han et fut reconnu roi de Min et Yue (province actuelle du Fujian). Ce royaume fut ensuite annexé par l'empereur Wu.

217. Xiahou Ying 夏侯嬰, duc de Teng, mort en 172 avant J.-C., aida Liu Bang à fonder la dynastie Han. Il est aussi mentionné dans la notule 86. Sa biographie figure dans l'*Histoire des Han*, *juan* 41.

滕公以燭照之, 有銘焉. 乃以水洗寫其文, 文字皆古異, 左右莫能知. 以問叔孫通, 通曰 : « 科斗書也. 以今文寫之, 曰 : 「佳城鬱鬱, 三千年見白日. 吁嗟滕公居此室.」 » 滕公曰 : « 嗟乎, 天也 ! 吾死其即安此乎 ? » 死遂葬焉.

95. 韓嫣好彈, 常以金為丸, 所失者日有十餘. 長安為之語曰 : « 苦饑寒, 逐金丸. » 京師兒童, 每聞嫣出彈, 輒隨之, 望丸之所落, 輒拾焉.

96. 司馬遷發憤作 « 史記 » 百三十篇, 先達稱為良史之才. 其以伯夷居列傳之首, 以為善而無報也;

218. Les personnes importantes étaient enterrées dans un cercueil intérieur en bois qui était placé dans un cercueil extérieur en pierre.

219. Docteur en érudition sous la dynastie Qin, il suivit d'abord l'armée de Xiang Yu, puis se rallia à celle de Liu Bang. Quand celui-ci fonda la dynastie Han, il collationna les rites et règlements des Qin pour s'en inspirer en créant ceux de la nouvelle dynastie. Il devint ensuite précepteur du dauphin. Sa biographie figure dans l'*Histoire des Han*, *juan* 43.

220. Han Yan était un dignitaire de la cour sous l'empereur Wu. Il avait été compagnon d'étude de l'empereur et avait combattu à ses côtés, étant un excellent archer à cheval. Son orgueil et ses débauches provoquèrent la colère de l'impératrice douairière et il reçut la permission de se tuer. Sa biographie figure dans la biographie des mignons de l'*Histoire des Han*, *juan* 93.

221. Les *Mémoires historiques* de Sima Qian se divisent en plusieurs parties : les biographies des empereurs, les tableaux chronologiques, les traités, les maisons héréditaires et les biographies, cette dernière partie occupant soixante-dix chapitres sur les cent trente que comprend l'ouvrage. Édouard Chavannes a traduit les quatre premières parties et la traduction de l'ensemble est maintenant publiée par la librairie Youfeng, Paris, 2015.

pierre[218]. Le duc l'éclaira avec une bougie et y discerna une inscription. Il la fit nettoyer avec de l'eau. C'était une écriture insolite et très ancienne. Personne autour de lui ne pouvait la déchiffrer. Il interrogea Shusun Tong[219], qui lui dit : « C'est une écriture dans le style appelé "têtard". Transcrit en écriture d'aujourd'hui, cela signifie : "Belle cité perdue dans les tréfonds obscurs qui depuis trois mille ans n'a pas vu la lumière du jour. Ah ! Le duc de Teng s'établira dans ce lieu." — Ciel ! s'écria le duc, quand je serai mort, voici où je reposerai. » Lorsqu'il mourut, il fut effectivement enterré là.

95. Han Yan[220] aimait le tir à l'arbalète et tirait souvent des balles en or. Comme il en perdait plus de dix en une seule journée, on disait à Chang'an : « Que ceux qui ont faim et froid recherchent les balles en or. » Les enfants de la capitale, chaque fois qu'ils apprenaient que Han Yan sortait tirer à l'arbalète, le suivaient en observant là où tombaient les balles et les ramassaient.

96. Sima Qian[221] écrivit les cent trente chapitres de ses *Mémoires historiques* sous le coup de l'indignation. Il fut le premier à mériter le titre d'excellent historien. Il plaça en tête des biographies celle de Boyi[222] à cause de sa grandeur d'âme qui ne fut pas récompensée. Il plaça le chapitre sur Xiang Yu

222. Boyi, fils aîné du seigneur de Guzhu, vécut à la fin de la dynastie Shang (xIe siècle av. J.-C.). Son père décida de céder son fief à son fils cadet, Shuqi. À la mort du père, Shuqi voulut céder le titre de seigneur à Boyi, mais celui-ci refusa. Lui et son frère critiquèrent la tyrannie du dernier empereur des Shang, mais préférèrent mourir de faim sur une montagne plutôt que de manger la nourriture de la nouvelle dynastie des Zhou pour ne pas se rallier au roi Wu, qui à leurs yeux avait renversé son souverain par la violence, alors qu'il portait encore le deuil de son père (le roi Wen).

為«項羽本紀», 以踞高位者非關有德也. 及其序屈原、賈誼, 辭旨抑揚, 悲而不傷, 亦近代之偉才.

97. 梁孝王遊於忘憂之館, 集諸遊士, 各使為賦.

枚乘為«柳賦», 其辭曰 : «忘憂之館, 垂條之木. 枝逶遲而含紫, 葉萋萋而吐綠. 出入風雲, 去來羽族. 既上下而好音, 亦黃衣而絳足. 蜩螗厲響, 蜘蛛吐絲. 階草漠漠, 白日遲遲. 于嗟細柳, 流亂輕絲. 君王淵穆其度, 御群英而翫之. 小臣瞽聵, 與此陳詞. 于嗟樂兮! 於是罇盈縹玉之酒, 爵獻金漿之醪. 梁人作藷蔗酒, 名金漿. 庶羞千族, 盈滿六庖. 弱絲清管, 與風霜而共雕. 鎗鍠啾唧, 蕭條寂寥. 儁乂英旄, 列襟聯袍. 小臣莫效於鴻毛, 空銜鮮而嗽

223. Qu Yuan (340-278 av. J.-C.) fut un grand poète et ministre du royaume de Chu. Il se suicida après avoir été rejeté par son roi. Il est l'auteur du long poème « Chagrin de l'éloignement », en tête du recueil *Élégies de Chu, attribuées à Qu Yan, Song Yu et autres poètes chinois de l'Antiquité (IVe siècle av. J.-C.-IIe siècle ap. J.-C.)*, texte traduit, présenté et annoté par Rémi Mathieu, Paris, Gallimard, coll. Connaissance de l'Orient, 2004.

Jia Yi (200-168 av. J.-C.) fut un penseur politique et un poète, auteur d'un éloge funèbre de Qu Yuan et du poème en prose « La Chouette » (on en trouvera la traduction, ainsi que celle de « Chagrin de l'éloignement » dans l'*Anthologie de la littérature chinoise classique*, *op. cit.*, p. 76 et p. 127). Sa biographie figure dans les *Mémoires historiques* et dans l'*Histoire des Han*, *juan* 48.

parmi les annales impériales, en raison de sa position suprême et non de sa vertu. Il traita dans le même chapitre la biographie de Qu Yuan et celle de Jia Yi[223] dans un style libre et fluide, empreint de tristesse sans être désespéré. Sima Qian fut un génie de l'époque récente.

97. Au cours d'une promenade du prince Xiao de Liang[224] avec des lettrés et des conseillers itinérants qu'il avait réunis au bâtiment de Sans-Souci, chacun composa un poème en prose.

Voici *Le Saule*, composé par Mei Sheng[225] : « Au bâtiment de Sans-Souci se trouve un arbre dont les branches retombent souplement, avec des nuances pourpres. Sa frondaison est d'un vert éclatant. Le vent et les nuages y entrent et sortent, et les oiseaux y vont et viennent. De haut en bas, tous en habit jaune et chaussés de rouge cramoisi, ils s'adonnent au chant. Les cigales y stridulent. Les araignées y tissent leur soie. Herbe dense sur les marches, douceur de ce jour ensoleillé. Ah ! saule si fin qui déroule en désordre une soie légère. Prince à l'allure calme et imposante qui a réuni des personnes de qualité pour se distraire avec elles. Moi, pauvre aveugle et sourd, j'y participe et compose ce poème. Quelle joie ! Les aiguières pleines d'un alcool aux reflets de jade servent du Breuvage d'or. (Ce breuvage est fabriqué par les habitants de la principauté de Liang avec des patates douces.) Toutes sortes de mets délicieux remplissent les cuisines princières. Les notes délicates des cordes et les notes claires des flûtes, comme le vent et la gelée, ont fait cesser les bruits, le son violent des percussions et les tintements s'arrêtent, le silence retombe. Parmi ces hommes serrés les uns contre les autres, cent fois plus valeureux que quiconque, moi qui ne compte

224. Le prince Xiao de Liang, Liu Wu 劉武, était un fils de l'empereur Wen (r. 180-157). Le bâtiment de Sans-Souci devait faire partie de son palais. Voir la notule 58.

225. Mei Sheng († 140 av. J.-C.) était l'auteur de nombreux poèmes en prose dont trois seulement nous ont été transmis. Sa biographie figure dans l'*Histoire des Han*, *juan* 51.

醪. 雖復河清海竭, 終無增景於邊撩. »

路喬如為 « 鶴賦 », 其詞曰 : « 白鳥朱冠, 鼓翼池干. 舉修距而躍躍, 奮皓翅之䎗䎗. 宛修頸而顧步, 啄沙磧而相歡. 豈忘赤霄之上, 忽池籞而盤桓. 飲清流而不舉, 食稻粱而未安. 故知野禽野性, 未脫籠樊. 賴吾王之廣愛, 雖禽鳥兮抱恩. 方騰驤而鳴舞, 憑朱檻而為歡. »

公孫詭為 « 文鹿賦 », 其詞曰 : « 麀鹿濯濯, 來我槐庭. 食我槐葉, 懷我德聲. 質如緗縟, 文如素綦. 呦呦相召, « 小雅 » 之詩. 歎丘山之比歲, 逢梁王於一時. »

鄒陽為 « 酒賦 », 其詞曰 : « 清者為酒, 濁者為醴 ; 清者聖明, 濁者頑騃. 皆麴湒丘之麥, 釀野田之米.

226. Membre de la cour du prince de Liang.

227. Membre de la cour du prince de Liang, ce personnage rusé, devenu colonel de la garde, participa au complot pour assassiner Yuan Ang (150 av. J.-C.) et fut forcé de se suicider. Il est évoqué dans la biographie du prince de Liang : voir l'*Histoire des Han*, *juan* 47.

pas plus qu'une plume de cygne, je bois et mange indûment. Épuiserais-je les fleuves, assécherais-je la mer, je ne pourrais rien ajouter à la beauté de cet arbre. »

Voici *La Grue*, composé par Lu Qiaoru[226] : « Oiseau blanc à la crête rouge, elle déploie ses ailes au bord du lac. Elle lève ses longues pattes et danse, agite ses ailes comme pour s'envoler. Elle retourne son long cou et regarde en arrière en marchant. Elle picore des graviers et y prend plaisir. Aurait-elle oublié de s'élever jusqu'aux nuages violets ? Sans voir ce lac princier où elle tourne en rond, elle boit de l'eau claire au lieu de s'envoler et mange du millet sans y trouver satisfaction. Ô je sais ainsi que les bêtes sauvages, malgré leur sauvagerie, ne quittent pas leur cage à cause de la bienveillance du prince, dont même animaux et oiseaux sont reconnaissants. Cette grue chante et danse devant les barreaux vermillonnés pour exprimer son plaisir. »

Voici *La Biche*, composé par Gongsun Gui[227] : « La biche, replète et gracieuse, qui vient dans ma cour plantée de sophoras pour en manger les feuilles, me rappelle le son de la vertu. Son pelage est comme une couverture brune parsemée de fils blancs. Son brame évoque un chant du *Classique des poèmes*[228]. Soupirant depuis des années, recluse au milieu de collines et montagnes, voici qu'elle a le plaisir de rencontrer le prince de Liang. »

Voici *Le Vin*, composé par Zou Yang[229] : « Un vin bien fermenté est clair, fermenté une seule nuit il est trouble ; le clair évoque la sagesse, le trouble la stupidité. L'un et l'autre utilisent l'orge comme mère, avec laquelle, du printemps à l'automne, fermente du riz sauvage dans des jarres fermées.

228. Le poème « Le Cri de la biche » dans la partie « Xiaoya » du *Classique des poèmes* était une chanson pour égayer les réceptions de seigneurs.

229. Victime de haine et de calomnies, il fut mis en prison par le prince de Liang qui songeait à l'exécuter. Il écrivit de prison une lettre au prince pour se disculper, ce qui lui valut d'être libéré et considéré comme hôte de marque à la cour du prince. Sa biographie figure dans l'*Histoire des Han*, *juan* 51.

倉風莫預, 方金未啓. 嗟同物而異味, 歎殊才而共侍. 流光醳醳, 甘滋泥泥. 醪醸既成, 綠瓷既啓. 且筐且漉, 載𨢊載齊. 庶民以為歡, 君子以為禮. 其品類, 則沙洛淥酃, 程鄉若下, 高公之清. 關中白薄, 清渚縈停. 凝醳醇酎, 千日一醒. 哲王臨國, 綽矣多暇. 召皤皤之臣, 聚肅肅之賓. 安廣坐, 列雕屏, 綃綺為席, 犀璩為鎮. 曳長裾, 飛廣袖, 奮長纓. 英偉之士, 莞爾而即之. 君王憑玉几、倚玉屏. 舉手一勞, 四座之士, 皆若哺粱肉焉. 乃縱酒作倡, 傾盌覆觴. 右曰宮申, 旁亦徵揚. 樂只之深, 不吳不狂. 於是錫名餌, 祛夕醉, 遣朝酲. 吾君壽億萬歲, 常與日月爭光. »

公孫乘為 « 月賦 », 其辭曰 : « 月出皦兮, 君子之光. 鶤雞舞於蘭渚, 蟋蟀鳴於西堂. 君有禮樂,

Un même vin convient à des goûts différents et il peut être servi à des gens de qualités diverses. Sa couleur peut être aussi limpide que son goût capiteux. Quand la fermentation est achevée, les jarres vertes sont ouvertes. Il est filtré avec un tamis en bambou pour le débarrasser de ses impuretés. Les gens du peuple en font leur plaisir, les seigneurs s'en servent pour les rites. Il y en a plusieurs sortes dont le nom varie suivant l'origine de l'eau utilisée, comme le Shaluo, le Lu, le Ling, le Wucheng, le Ruoxia, le Clair de Gaogong, le Bobu de Guanzhong, qui a la couleur du jade vert et qui est épais. Lorsqu'on en boit, on peut être ivre pendant mille jours sans s'éveiller. Le prince avisé qui gouverne son fief avec sagesse, quand il est d'humeur enjouée et jouit de loisir, réunit ses vieux vassaux à cheveux grisonnants et des invités qu'il veut honorer. Sont préparées des places où l'on est à l'aise, sont alignés des paravents peints et sculptés, sont étalées des nattes retenues aux quatre coins par des cornes de rhinocéros ou des blocs de jade. Ses nobles invités en robes échancrées, agitant leurs longues manches, leurs coiffes et leurs ceintures, prennent place en souriant. Le prince, appuyé à une table basse en jade, devant un paravent lui aussi de jade, lève la main en signe d'accueil. Sur les quatre côtés de la salle, les convives semblent avoir bien bu et bien mangé. Pour répondre à l'humeur qui porte à boire, résonnent musique et chants, tandis que bols et coupes sont vidés. À droite, se font entendre des sons mélodieux, et, tout près, des tonalités graves. Tout le monde profite de cette atmosphère joyeuse, sans hurlement ou conduite débridée. Le prince alors fait servir des mets raffinés pour chasser l'ivresse du crépuscule et les indispositions du réveil à l'aube. Que la longévité de mon prince se compte en milliers d'années et que sa gloire le dispute à celle du Soleil et de la Lune. »

Voici *La Lune*, composé par Gongsun Sheng : « La lune apparaît et éclaire, c'est la lumière du seigneur. Les grues cendrées dansent parmi les iris sur un îlot. Les cigales stridulent dans la salle de l'Ouest. Notre seigneur possède les rites

我有衣裳. 猗嗟明月, 當心而出. 隱員岩而似鉤, 蔽修堞而分鏡. 既少進以增輝, 遂臨庭而高映. 炎日匪明, 皓璧非淨. 躔度運行, 陰陽以正. 文林辯囿, 小臣不佞. »

羊勝為 « 屛風賦 », 其辭曰 : « 屛風鞈匝, 蔽我君王. 重葩累繡, 沓璧連璋. 飾以文錦, 映以流黃. 畫以古列, 顒顒昂昂. 藩后宜之, 壽考無疆. »

韓安國作 « 几賦 » 不成, 鄒陽代作, 其辭曰 : « 高樹凌雲, 蟠紆煩冤, 旁生附枝. 王爾公輸之徒, 荷斧斤, 援葛藟, 攀喬枝. 上不測之絕頂, 伐之以歸. 眇者督直, 聾者磨礱. 齊貢金斧, 楚入名工, 乃成斯几. 離奇彷彿, 似龍盤馬迴, 鳳去鸞歸. 君王憑之, 聖德日躋. »

230. Pour avoir participé avec Gongsun Gui, auteur de [illegible], au complot contre des conseillers impériaux, il fut arrêté et forcé de se suicider.

231. D’abord attaché à la cour du prince de Liang, il finit Censeur impérial avant de mourir de maladie. Sa biographie figure dans l’*Histoire des Han*, *juan* 52.

et la musique, et nous portons les atours de la civilisation. Oh merveille ! La lune brille dans le ciel. Cachée par une falaise, elle ressemble d'abord à un harpon, puis cachée par une muraille, elle ressemble à un miroir brisé. Ensuite, s'élevant peu à peu, elle éclaire plus, illumine toute la cour et dépasse la clarté du soleil, l'éclat du jade blanc. Elle suit son périple à travers le firmament, au rythme du Yin et du Yang. Au milieu de cette forêt de lettrés, de ce jardin de penseurs, je ne suis qu'un pauvre d'esprit. »

Voici *Le Paravent*, composé par Yang Sheng[230] : « Les panneaux du paravent entourent et cachent mon seigneur. Ce paravent est décoré de rangées de fleurs brodées et d'incrustations de jade. Il est tendu de brocart qui ressort sur fond doré. Y sont peints des héros antiques à la pose majestueuse et il convient donc à notre prince, dont la longévité sera éternelle. »

Han Anguo[231] ne réussit pas à composer son poème sur une table basse et Zou Yang le remplaça. Voici le texte : « L'arbre géant s'élève jusqu'aux nuages. Son tronc est courbe et ses branches se dressent sur les côtés. Des menuisiers dignes de Wang Er et Lu Ban[232], une herminette sur l'épaule, y grimpent en s'aidant des lianes qui entourent l'arbre. Ils parviennent à une hauteur qui dépasse toute mesure et coupent du bois avant de redescendre. Un artisan borgne y découpe des planches, un artisan sourd les aplanit. La province de Qi avait fourni une hache d'or et celle de Chu envoyé un artisan célèbre. C'est ainsi que cette table prit cette forme si réussie, si extraordinaire que l'on dirait un dragon lové, un cheval qui se retourne, un phénix qui s'envole, un oiseau rock qui revient. Le seigneur s'y appuie, lui dont la sagesse et la vertu s'élèvent de jour en jour. »

232. Célèbres menuisiers de l'Antiquité. Lu Ban, inventeur de la scie, est devenu le dieu des Menuisiers et Charpentiers.

鄒陽、安國罰酒三升,賜枚乘、路喬如絹,人五匹.

98. 梁孝王入朝,與上為家人之宴,乃問王諸子,王頓首謝曰 : « 有五男. » 即拜為列侯,賜與衣裳器服. 王薨,又分梁國為五,進五侯皆為王.

99. 河間王德築日華宮,置客館二十餘區,以待學士. 自奉養不逾賓客.

100. 梁孝王子賈從朝,年幼,竇太后欲強冠婚之. 上謂王曰 : « 兒堪冠矣. » 王頓首謝曰 : « 臣聞 « 禮 » 二十而冠,冠而字,字以表德. 自非顯才高行,安可強冠之哉 ? » 帝曰 : « 兒堪冠矣. » 餘日,帝又曰 : « 兒堪室矣. » 王頓首謝曰 : « 臣聞 « 禮 » 三十壯有室. 兒年蒙悼,未有人父之端,安可強室之哉 ? » 帝曰 : « 兒堪室矣. » 餘日,賈朝至閫而遺其舄,帝曰 : « 兒真幼矣. » 白太后未可冠婚之.

233. C'est l'empereur Jing (r. 157-141 av. J.-C.), frère aîné du prince de Liang.

234. Fils de l'empereur Jing, demi-frère cadet de l'empereur Wu par son père.

235. Liu Jia 劉賈 est sans doute une erreur pour Liu Mai 劉買, fils aîné du prince de Liang ; les deux caractères se ressemblent à un trait près.

236. Épouse de l'empereur Wen et mère de l'empereur Jing et du prince de Liang, donc grand-mère de Liu Jia.

237. Comme sa mère, l'empereur Jing voulait probablement affaiblir ainsi son puissant frère, tout en craignant d'aller trop loin.

Han Anguo et Zou Yang furent condamnés à boire trois pichets de vin. Mei Sheng et Lu Qiaoru reçurent chacun cinq rouleaux de soie.

98. Quand le prince de Liang se rendit à la cour, l'empereur[233] organisa un dîner de famille en son honneur et lui demanda des nouvelles de ses enfants. « J'ai cinq fils », répondit le prince en s'inclinant pour le remercier. L'empereur les anoblit tous les cinq et leur offrit des vêtements et objets de valeur. À la mort du prince, il divisa la principauté de Liang en cinq et en donna une partie à chacun de ses cinq fils avec le titre de prince.

99. Le prince de Hejian[234] fit construire le palais de l'Éclat du soleil et y installa plus de vingt demeures pour recevoir des lettrés. Son train de vie ne différait en rien de celui de ses invités.

100. Lorsque Liu Jia, fils du prince de Liang[235], suivit son père à la cour, il était encore très jeune. Malgré tout, l'impératrice douairière Dou[236] exigea qu'il reçoive le bonnet viril et qu'il soit marié. L'empereur[237] dit donc au prince que son fils pouvait recevoir le bonnet viril. Le prince s'excusa en s'inclinant : « J'ai appris dans le *Livre des rites* que l'on confère le bonnet viril à vingt ans et que l'on donne alors un prénom social en rapport avec la vertu du récipiendaire. Si le jeune homme ne fait pas montre d'un talent élevé, comment peut-on quand même lui conférer le bonnet viril ? — On le peut très bien », rétorqua l'empereur, et, quelques jours plus tard, il ajouta : « Ton fils peut fonder un foyer. » De nouveau, le prince s'excusa en s'inclinant : « J'ai appris dans le *Livre des rites* qu'il faut être un adulte de trente ans pour fonder un foyer. Or, mon fils n'est encore qu'un enfant. » Mais l'empereur insista : « Ton fils peut très bien être marié. » Peu après, Liu Jia en entrant à la cour se prit le pied dans la barre de seuil et perdit une chaussure. « Ton fils est effectivement trop jeune ! » dit l'empereur, et il informa l'impératrice douairière que Liu Jia n'était apte ni à prendre le bonnet viril ni à se marier.

101. 江都王勁捷, 能超七尺屏風.

102. 元后在家, 嘗有白燕銜白石, 大如指, 墜后績筐中. 后取之, 石自剖為二, 其中有文曰 « 母天地 ». 后乃合之, 遂復還合, 乃寶錄焉. 後為皇后, 常并置璽笥中, 謂為天璽也.

103. 漢朝以玉為虎子, 以為便器, 使侍中執之, 行幸以從.

104. 中書以武都紫泥為璽室, 加緑綈其上.

105. 茂陵文固陽, 本琅琊人, 善馴野雉為媒, 用以射雉. 每以三春之月, 為茅障以自翳, 用觟矢以射之, 日連百數. 茂陵輕薄者化之, 皆以雜寶錯厕

238. Fils de l'empereur Jing.

239.* C'est-à-dire 1,60 m environ.

240.* Wang Zhengjun, épouse de l'empereur Yuan, connut une exceptionnelle longévité politique, qui favorisa la montée en puissance du clan Wang, ses propres frères d'abord, puis son neveu Wang Mang. Sur l'un de ses frères, Wang Feng, voir la notule 55.

241. Wudu est situé dans l'actuelle province du Gansu.

101. Le prince de Jiangdu, Liu Fei[238], était d'une force remarquable. Il était capable de sauter par-dessus un paravent haut de sept pieds[239].

102. Alors que l'impératrice Yuan[240] n'était pas encore mariée, une hirondelle blanche qui tenait dans son bec une pierre blanche grosse comme un doigt la laissa tomber dans sa corbeille à ouvrage. La future impératrice la prit et, la pierre s'étant d'elle-même fendue en deux, elle lut à l'intérieur : « Mère du Ciel et de la Terre ». Elle recolla les deux morceaux et la conserva dans sa boîte à trésors. Devenue impératrice, elle la gardait dans l'étui de son sceau et l'appelait son sceau céleste.

103. Sous la dynastie Han, on sculptait des tigres en jade qui servaient de cuvettes. Un serviteur de la cour en avait la charge et devait suivre l'empereur quand celui-ci partait en voyage.

104. Le fonctionnaire chargé de transmettre les ordres impériaux scellait l'étui à sceau avec de la boue violette de Wudu[241] et l'enveloppait dans de la soie brillante épaisse de couleur verte.

105. Wengu Yang de Maoling venait en fait à l'origine de Langye[242]. Il excellait à entraîner des faisans sauvages pour qu'ils attirent leurs congénères, lui permettant de les tirer sans difficulté. Pendant les trois mois du printemps, il ne manquait pas de construire un affût pour se cacher, et il leur lançait des flèches du type *hua*[243]. En une journée, il en abattait plus d'une centaine. Les jeunes gens frivoles de Maoling changèrent de méthode. Ils utilisaient des paravents décorés de toutes sortes de pierres précieuses pour se cacher, tiraient des flèches

242. Situé dans l'actuelle province du Shandong, ainsi que Qingzhou. Aucune information n'a été trouvée sur Wengu Yang.

243.* Aucun autre texte ne mentionne ce type de flèche.

翳障, 以青州蘆葦為弩矢, 輕騎妖服, 追隨於道路, 以為歡娯也. 陽死, 其子亦善其事. 董司馬好之, 以為上客.

106. 茂陵少年李亨, 好馳駿狗, 逐狡獸, 或以鷹鷂逐雉兔, 皆為之佳名. 狗則有脩毫、釐睫、白望、青曹之名, 鷹則有青翅、黃眸、青冥、金距之屬, 鷂則有從風鷂、孤飛鷂. 楊萬年有猛犬, 名青駮, 買之百金.

107. 成帝時, 交趾越嶲獻長鳴鷄, 伺鷄晨, 即下漏驗之, 晷刻無差, 雞長鳴則一食頃不絕, 長距善鬬.

108. 許博昌, 安陵人也, 善陸博. 竇嬰好之, 常與居處. 其術曰 : « 方畔揭道張, 張畔揭道方, 張究屈玄高, 高玄屈究張. » 又曰 : « 張道揭畔方, 方畔揭

244. Mignon de l'empereur Ai.

245. La commanderie de Jiaozhi était à cheval sur le Guangdong, le Guangxi et une partie du nord du Vietnam. Celle de Yuesui était à cheval sur le Sichuan et le Yunnan.

246. Le jeu de *liubo* 陸博, plus communément écrit *liubo* 六博et dont l'archéologie nous a fourni de nombreux exemplaires mais dont la règle demeure mal connue, était une sorte de jacquet ou trictrac. Le joueur déplaçait des pions sur un plateau qui comportait plusieurs positions désignées comme ici par des noms énigmatiques tels que *fangpan* « côté carré », *daozhang* « ouverture du chemin », etc. On faisait avancer ses pions suivant des coups de dés. Sans doute les dés étaient-ils oblongs puisqu'ils avaient un demi-pouce de long, sorte de dés encore utilisés en Asie. Le *Da bo jing* 大博經 (la graphie *da* 大 est probablement une erreur pour *liu* 六) de Xu Bochang est aujourd'hui

d'arbalète en rotin de Qingzhou, les poursuivaient sur les routes avec leurs chevaux rapides joliment harnachés. Tel était leur plaisir. À la mort de Wengu Yang, son fils, qui était aussi un bon chasseur, plut au contrôleur des armées Dong Xian[244], qui le prit parmi ses hôtes de choix.

106. Li Heng, un jeune de Maoling, aimait poursuivre les bêtes sauvages avec ses chiens de chasse et chasser faisans et lapins à l'aide de ses aigles et faucons. À tous ses animaux, il donnait de jolis noms. Parmi ses chiens, il y avait Poils longs, Cils fins, Observateur blanc, Serviteur sombre. Parmi les aigles, Ailes noires, Œil jaune, Ténébreux, Départ d'or. Parmi les faucons, Compagnon du vent, Vol solitaire. Yang Wannian avait un chien féroce appelé Pommelé qu'il avait acheté cent onces d'or.

107. Sous l'empereur Cheng, les commanderies de Jiaozhi et de Yuesui[245] envoyèrent des coqs qui chantaient longtemps. Ils annonçaient l'aube et, vérification faite à la clepsydre, sans jamais se tromper d'heure. Leur long chant durait tout le temps d'un repas sans s'arrêter et leurs ergots effilés faisaient d'eux de fiers combattants.

108. Xu Bochang, originaire de Anling, était très fort au jeu de *liubo*[246]. Dou Ying[247], qui l'aimait bien, venait souvent jouer avec lui. Ses techniques étaient formulées ainsi : « À *fangpan*, découvrez *daozhang* ; à *zhangpan*, découvrez *daofang* ; à *zhangjiu*, détournez-vous vers *xuangao* ; à *gaoxuan*, vers *jiuzhang* » ; et ainsi : « À *zhangdao*, découvrez *panfang* et, à *fangpan*, *daozhang* ; à *zhangjiu*, détournez-vous vers *gaoxuan*

perdu. Voir Lillian Tseng, « Representation and Appropriation: Rethinking TLV Mirror in Han China », *Early China*, n° 29, 2004, p. 163-215. Cet article remarquable peut être consulté en ligne : https://webspace.yale.edu/tseng/documents/Tseng_2004_001.pdf (lien valide au 8 février 2016).

247. Général sous l'empereur Jing et anobli seigneur de Weiqi, il devint Premier ministre sous l'empereur Wu, mais fut exécuté pour avoir commis une faute. Sa biographie figure dans l'*Histoire des Han*, *juan* 52.

道張, 張究屈玄高, 高玄屈究張. » 三輔兒童皆誦之. 法用六箸, 或謂之究, 以竹為之, 長六分. 或用二箸. 博昌又作 « 大博經 » 一篇, 今世傳之.

109. 高祖與項羽戰於垓下, 孔將軍居左, 費將軍居右, 皆假為名.

110. 東方生善嘯, 每曼聲長嘯, 輒塵落帽.

111. 京兆有古生者, 學從横揣磨、弄矢摇丸樗蒲之術, 為都掾史四十餘年, 善訑謾. 二千石隨以諧謔, 皆握其權要, 而得其歡心. 趙廣漢為京兆尹, 下車而黜之, 終于家. 京師至今俳戲皆稱古掾曹.

248. Ce fut la bataille décisive qui permit à Gaozu de s'emparer de l'empire. Xiang Yu, encerclé, réussit à s'échapper, mais, poursuivi, se suicida.

249. Il s'agit de Dongfang Shuo : voir la notule 32.

et, à *gaoxuan*, vers *jiuzhang*. » Tous les enfants des environs de la capitale récitaient ces formules. On se servait de six dés, que certains appelaient *jiu*. Ils étaient en bambou et avaient un demi-pouce de long. Certains utilisaient deux dés. Xu Bochang a également écrit un *Grand traité du jacquet*, qui s'est transmis jusqu'à nous.

109. Quand Gaozu se battit contre Xiang Yu à Gaixia[248], il fit croire qu'il avait un général Kong à gauche et un général Fei à droite, mais tout cela n'était que des ruses pour impressionner l'ennemi.

110. Le lettré Dongfang[249] savait très bien siffler. À chaque expiration prolongée, il soulevait la poussière si haut qu'elle retombait sur les chapeaux.

111. À Jingzhao[250] vivait un vieux monsieur qui avait étudié la politique des alliances, l'art de jauger l'adversaire, la technique des fléchettes, la jonglerie et le jeu de jacquet. Il avait été secrétaire dans une commanderie pendant plus de quarante ans et connaissait tous les trucs pour tromper le monde. Le grand plaisir des hauts fonctionnaires était de se distraire avec lui, qui les manipulait tous tandis qu'eux s'amusaient. Quand Zhao Guanghan[251] devint préfet de Jingzhao, dès sa descente de char il renvoya ce vieillard, qui partit finir ses jours dans sa famille. Aujourd'hui encore, les habitants de la région appellent les tours que l'on joue à quelqu'un des « vieux secrétaires ».

250. Un des trois districts autour de la capitale.

251. D'abord gouverneur de Yingchuan, puis devenu préfet de Jingzhao, sa rigueur et sa droiture lui valurent la violente opposition des nobles. Sa biographie figure dans l'*Histoire des Han*, *juan* 76.

112. 婁敬始因虞將軍請見高祖, 衣旃衣, 披羊裘. 虞將軍脫其身上衣服以衣之, 敬曰 : « 敬本衣帛, 則衣帛見. 敬本衣旃, 則衣旃見. 今捨旃褐, 假鮮華, 是矯常也. » 不敢脫羊裘, 而衣旃衣以見高祖.

卷第五

113. 會稽人顧翺, 少失父, 事母至孝. 母好食雕胡飯, 常帥子女躬自採擷. 還家, 導水鑿川, 自種供養, 每有嬴儲. 家亦近太湖, 湖中後自生雕胡, 無復餘草, 蟲鳥不敢至焉, 遂得以為養. 郡縣表其閭舍.

114. 齊人劉道強, 善彈琴, 能作 « 單鵠寡鳧 » 之弄, 聽者皆悲, 不能自攝.

252. Lou Jing, ou Liu Jing, était originaire de Qi 齊. Quand il rencontra l'empereur Gaozu en 202 avant J.-C., il lui conseilla d'installer sa capitale dans la région de Guanzhong. Pour ce conseil judicieux, l'empereur lui donna son propre nom de famille, Liu, le fit membre de la cour et l'anoblit. Par la suite, lors de la guerre contre les Xiongnu, il exhorta l'empereur à conclure la paix avec eux, puis lui suggéra aussi d'amener les feudataires à s'installer dans la province de la capitale pour mieux les contrôler, avis que l'empereur adopta.

253.* Ce personnage apparaît aussi dans la biographie de Lou Jing dans l'*Histoire des Han*, mais il ne nous est donné aucun élément supplémentaire à son propos, si ce n'est qu'il était originaire de Qi, comme Lou Jing.

112. Lou Jing[252], la première fois qu'il rencontra l'empereur Gaozu à l'invitation du général Yu[253], était vêtu de toile grossière et d'une pelisse de mouton. Le général Yu ôta ses vêtements pour qu'il s'en revêtît. « Si j'avais l'habitude d'être vêtu de brocart, dit Lou Jing, c'est en habit de brocart que je verrais l'empereur. Mais comme je suis d'ordinaire vêtu de toile grossière, c'est dans cet habit que je verrai l'empereur. Abandonner mes vêtements grossiers pour du faux clinquant serait cacher ce que je suis vraiment. » Et il ne daigna pas enlever sa peau de mouton et son habit grossier pour son entrevue avec l'empereur.

Livre V

113. Gu Ao, originaire de Guiji, qui avait perdu son père alors qu'il était très jeune, se dévoua à sa mère avec une extrême piété filiale. Celle-ci aimant manger du riz sauvage de l'espèce zizanie, il prit la tête de garçons et de filles et partit en cueillir avec eux. Revenu chez lui, il détourna un cours d'eau en creusant une rigole pour en planter et en offrir à sa mère. Il en récoltait ainsi plus qu'il n'en fallait. Sa demeure était proche du lac Taihu, sur les bords duquel il se mit à en pousser naturellement sans mauvaises herbes et sans que les insectes ou les oiseaux n'osent l'attaquer et on en obtenait ainsi suffisamment pour approvisionner le voisinage. Le sous-préfet de la région fit placer une plaque à côté de chez lui pour l'honorer.

114. Liu Daoqiang[254] de la région de Qi jouait très bien de la cithare à sept cordes et il était capable de jouer l'air *L'Oie sauvage solitaire et le canard sauvage esseulé*. Ceux qui l'écoutaient ne pouvaient retenir leur tristesse.

254.* Personnage inconnu par ailleurs.

115. 趙后有寶琴, 曰 « 鳳凰 », 皆以金玉隱起為龍鳳螭鸞、古賢列女之象. 亦善為 « 歸風 »、« 送遠 » 之操.

116. 公孫弘以元光五年為國士所推, 上為賢良. 國人鄒長倩以其家貧, 少自資致, 乃解衣裳以衣之, 釋所著冠履以與之, 又贈以芻一束、素絲一襚、撲滿一枚, 書題遺之曰 : « 夫人無幽顯, 道在則為尊. 雖生芻之賤也, 不能脫落君子, 故贈君生芻一束. 詩人所謂生芻一束, 其人如玉. 五絲為緉, 倍緉為升, 倍升為緎, 倍緎為紀, 倍紀為緵, 倍緵為襚. 此自少之多, 自微至著也, 類士之立功勳, 效名節, 亦復如之, 勿以小善不足脩而不為也, 故贈君素絲一襚. 撲滿者, 以土為器, 以蓄錢具, 其有入竅而無出竅, 滿則撲之. 土, 粗物也. 錢, 重貨也. 入而

255. Zhao Feiyan, épouse de l'empereur Cheng : voir les notules 30 et 39.
256. 130 av. J.-C.
257. D'humble origine, il s'éleva jusqu'aux plus hauts postes : voir les notules 34 et 92.
258.* Personnage inconnu par ailleurs.

115. L'impératrice Zhao[255] possédait des cithares précieuses appelées Phénix, sur lesquelles des incrustations d'or et de jade représentaient des dragons, des phénix, d'anciens sages et des femmes célèbres. Elle jouait très bien les mélodies *Air du retour* et *En vous raccompagnant au loin*.

116. La cinquième année de l'ère Yuanguang[256], Gongsun Hong[257] fut recommandé par des lettrés et choisi comme candidat à un poste pour ses connaissances. Comme il n'avait que de faibles moyens d'existence, Zou Changqian[258], originaire de sa région natale, se défit de ses vêtements pour l'habiller, lui donna aussi une coiffe et des chaussures, à quoi il joignit une poignée de fourrage, un *sui*[259] de fils de soie blanche, une tirelire et la lettre suivante : « Peu importe que l'on soit connu ou ignoré. Seul celui qui suit le Tao est respectable et, même s'il ne pèse guère plus qu'une poignée de fourrage, il ne sera pas méprisé. Voilà pourquoi je vous envoie une brassée de fourrage. C'est ce qu'exprimait le poète dans ce vers : "Celui qui se contente pour vivre d'une poignée de fourrage peut avoir la valeur du jade[260]." Cinq fils de soie forment un *nie*, le double un *sheng* ; puis, de double en double, on obtient un *shi*, un *ji*, un *zong* et enfin un *sui*. C'est aller du plus petit au plus grand, de l'infime à l'important. Il en est de même du lettré quand il acquiert des mérites et de la réputation : il n'y a pas de bonne action qui soit trop petite pour ne pas valoir d'être faite. C'est pour signifier cela que je vous ai donné un *sui* de fils de soie. Quant à la tirelire, elle est faite en terre et sert à économiser de l'argent puisqu'on peut y introduire des pièces mais pas les retirer. Quand elle est pleine, on la casse. L'argile est une matière vile, l'argent est précieux. Si on y fait

259. Le *sui* 繸, comme les noms en italique cités plus bas et dont le *sui* est le plus grand multiple, sont des mesures de volume pour la soie.

260. Vers du « Cheval blanc » dans la partie « Xiaoya », IV, Chant 2, du *Classique des poèmes*.

不出,積而不散,故撲之.士有聚斂而不能散者,將有撲滿之敗,而不可誡歟?故贈君撲滿一枚.猗嗟盛歟!山川阻修,加以風露.次卿足下,勉作功名.竊在下風,以俟嘉譽.» 弘答爛敗不存.

117. 漢朝輿駕祠甘泉汾陰,備千乘萬騎,大僕執轡,大將軍陪乘,名為大駕.司馬車駕四,中道.辟惡車駕四,中道.記道車駕四,中道.靖室車駕四,中道.象車鼓吹十三人,中道.式道候二人,駕一.左右一人.長安都尉四人,騎.左右各二人.長安亭長十人駕.左右各五人.長安令車駕三,中道.京兆掾史三人,駕一.三分.京兆尹車駕四,中道.司隸部京兆從事,都部從事別駕一車.三分.司隸校尉駕四,中道.廷尉駕四,中道.太僕宗正引從事,駕四.左右.太常光祿衛尉,駕四.三分.太尉外部都

261. La présence d'un exorciste dans le cortège impérial daterait de la dynastie Qin. Cet exorciste tenait un arc en bois de pêcher et des flèches en roseau. Selon une croyance de l'Antiquité, les fantômes qui avaient nui aux humains pendant la nuit, à leur retour au domaine des morts, étaient attachés à un pêcher et donnés en pâture à un tigre. C'est pourquoi on accrochait aux portes des maisons une branche de pêcher et l'image d'un tigre pour écarter les esprits malveillants.

entrer sans en extraire, on accumule au lieu de dépenser et finalement la tirelire est cassée. Il y a des lettrés qui accaparent sans être capables de dépenser et ils seront finalement brisés comme la tirelire. N'est-ce pas un avertissement ! Voilà la raison pour laquelle je vous offre cette tirelire. Tout cela est fort important, car les obstacles, montagnes et rivières, sont nombreux sur le chemin, et on est en butte au vent et au gel. Que Votre Excellence s'efforce d'obtenir mérites et renom. Moi qui n'ai que de maigres qualités, j'attends d'apprendre vos succès. » [La réponse de Gongsun Hong est perdue car le manuscrit s'est dégradé.]

117. Sous la dynastie Han, le cortège pour aller prier au palais Ganquan et à Fenyin comportait un millier de chars, dix mille cavaliers, des cochers, des officiers supérieurs pour accompagner l'empereur. C'est ce qu'on appelait le grand cortège. Au milieu de la route se suivaient le quadrige du contrôleur des armées, celui du grand exorciste[261], celui du guide, celui du préposé du dégagement de la voie, le char de l'orchestre de treize musiciens tiré par un éléphant. Puis se suivaient les chars à un seul cheval de deux porteurs d'oriflammes (l'un à gauche et l'autre à droite), les quatre colonels de la garde de la capitale à cheval (deux à droite et deux à gauche), les chars des dix chefs de relais de la capitale et de sa région (cinq à gauche et cinq à droite), le char tiré par trois chevaux du chef des chars de la capitale au milieu de la route, les trois chars sur une seule rangée tirés par un seul cheval des trois préfets des trois régions autour de la capitale, le quadrige, au milieu de la route, du gouverneur de la capitale et de ses environs, les trois chars à un seul cheval sur un rang du préfet de police, du préfet civil et du préfet militaire de la capitale, le quadrige au milieu de la route du grand préfet de la capitale, celui du chef de justice, les deux quadriges (l'un à gauche et l'autre à droite) du chef du personnel de la cour et celui du responsable du clan impérial, les trois quadriges alignés du chef des rites au temple ancestral du palais, du

督令史、賊曹屬、倉曹屬、戶曹屬、東曹掾、西曹掾, 駕一. 左右各三. 太尉駕四, 中道. 太尉舍人祭酒, 駕一. 左右. 司徒列從, 如太尉王公騎. 令史持戟吏亦各八人, 鼓吹十部. 中護軍騎, 中道. 左右各三行, 戟楯弓矢鼓吹各一部. 步兵校尉、長水校尉, 駕一. 左右. 隊百匹. 左右. 騎隊十. 左右各五. 前軍將軍. 左右各二行, 戟楯刀楯鼓吹各一部, 七人. 射聲翊軍校尉, 駕三. 左右二行, 戟楯、刀楯、鼓吹各一部, 七人. 驍騎將軍、游擊將軍, 駕三. 左右二行, 戟楯、刀楯、鼓吹各一部, 七人. 黃門前部鼓吹, 左右各一部, 十三人, 駕四. 前黃麾騎, 中道. 自此分為八校. 左四右四. 護駕御史騎. 左右. 御史中丞駕一, 中道. 謁者僕射駕四. 武剛車駕四, 中道. 九斿車駕四, 中道. 雲罕車駕四, 中道.

chef des gardes du palais et celui du colonel des portes du palais, les six chars à un cheval (trois à gauche et trois à droite) du secrétaire général du chef des armées, du chef de la police militaire, du chef de l'intendance militaire, du chef du recrutement, de l'assistant de l'Est du chef des armées et celui de son assistant de l'Ouest, le quadrige du chef des armées au milieu de la route, les deux chars à un cheval (l'un à gauche et l'autre à droite) du responsable de la maison du chef des armées et celui du responsable de ses réceptions. Puis venaient à cheval la suite du ministre des Affaires civiles, celle du chef des armées, celle des princes (chacune de huit gardes tenant une hallebarde avec un orchestre), puis, au milieu de la route, côte à côte, chacun sur un char à un seul cheval, le chef des opérations militaires (avec ses gardes sur trois rangées à gauche et trois rangées à droite, tenant boucliers, arcs et carquois accompagnés d'un orchestre), le chef de l'instruction militaire, et le chef de l'entraînement des cavaliers barbares, puis une troupe de cent soldats (en deux rangs, l'un à gauche et l'autre à droite), suivis de dix régiments de cent cavaliers chacun (cinq à gauche et cinq à droite), le général en chef de l'avant-garde (encadré de sept soldats à gauche et de sept soldats à droite tenant bouclier et sabre avec un orchestre de sept musiciens), le général de la cavalerie et le général des charges au cours des combats, chacun sur un char à trois chevaux (avec en deux rangs des soldats en armure portant un sabre et un orchestre de sept musiciens), l'orchestre de la partie avant du palais impérial dans des quadriges (une partie à gauche et une partie à droite, et treize musiciens dans chacune), des cavaliers au milieu de la route portant des étendards jaunes. À partir de là, huit régiments de cinq cents hommes répartis (quatre à gauche et quatre à droite), les cavaliers de la protection du Grand Censeur (à gauche et à droite) flanquant le quadrige du Grand Censeur circulant au milieu de la route, puis celui du chef du protocole, celui du chef des chars de guerre, celui du porteur de l'étendard impérial, celui des grands étendards aux nuages,

皮軒車駕四, 中道. 闟戟車駕四, 中道. 鸞旗車駕四, 中道. 建華車駕四, 中道. 左右. 虎賁中郎將車駕二, 中道. 護駕尚書郎三人, 騎. 三分. 護駕尚書三, 中道. 相風烏車駕四, 中道. 自此分為十二校. 左右各六. 殿中御史騎. 左右. 典兵中郎騎, 中道. 高華, 中道. 罼罕. 左右. 御馬. 三分. 節十六. 右八左八. 華蓋, 中道. 自此分為十六校. 左八右八. 剛鼓, 中道, 金根車. 自此分為二十校, 滿道. 左衛將軍, 右衛將軍. 華蓋. (自此後糜爛不存.)

118. 元光元年七月, 京師雨雹. 鮑敞問董仲舒曰 : «雹何物也 ? 何氣而生之 ?» 仲舒曰 : «陰氣脅陽氣. 天地之氣, 陰陽相半, 和氣周迴, 朝夕不息. 陽德用事, 則和氣皆陽, 建巳之月是也, 故謂之正陽之月. 陰德用事, 則和氣皆陰, 建亥之月是也, 故謂之正陰之月.

262. 134 av. J.-C. Selon le calendrier chinois, le septième mois lunaire correspond au début de l'automne (à peu près notre mois d'août), le huitième mois au milieu de l'automne, et ce jour comprend nécessairement le jour de l'équinoxe (22 septembre).

263. Aucune information n'a été trouvée sur Bao Chang. Sur Dong Zhongshu, voir la notule 44.

264. Qui marque le début de l'été.

265. Qui marque le début de l'hiver.

le quadrige décoré de peaux de tigres, le quadrige de guerre portant des hallebardes dressées, celui des étendards brodés de phénix, les deux quadriges, côte à côte au milieu de la route, décorés de fleurs, le char à deux chevaux du général de la garde revêtu de peaux de tigre, trois cavaliers alignés protégeant le Premier ministre, le char à trois chevaux du Premier ministre au milieu de la route, le quadrige avec les représentations de corbeaux indiquant la direction du vent. À partir de là, on avait successivement douze régiments de cinq cents hommes chacun (six à droite et six à gauche), les cavaliers (à gauche et à droite) du Censeur du palais, le colonel attaché militaire de l'empereur à cheval au milieu de la route, puis les nobles, les deux grands drapeaux annonçant l'empereur en déplacement (à gauche et à droite), les chevaux impériaux répartis en trois groupes, les seize emblèmes impériaux (huit à gauche et huit à droite), le parasol impérial au milieu de la route. À partir de là, seize régiments de cinq cents hommes chacun (huit à gauche et huit à droite), les tambours impériaux, le char faste, suivi de douze régiments remplissant la route, le général de la garde de gauche, le général de la garde de droite, un parasol. [Le reste de la liste est perdu car le manuscrit est dégradé.]

118. Au septième mois de la première année de l'ère Yuanguang[262], il tomba de la grêle sur la capitale. Bao Chang interrogea Dong Zhongshu[263] : « Qu'est-ce que la grêle ? Quelle énergie la produit ? » — « L'énergie Yin écrase alors l'énergie Yang, répondit Dong Zhongshu. Les énergies du ciel et de la terre sont pour moitié Yin et pour moitié Yang, elles se succèdent en se combinant sans cesse du matin au soir. Lorsque la vertu Yang domine, l'harmonie des deux est de nature Yang, c'est le cas au quatrième mois de l'année marqué du signe *si*[264] ; aussi dit-on de ce mois qu'il est foncièrement Yang. Lorsque la vertu du Yin domine, l'harmonie des deux est de nature Yin, c'est le cas au dixième mois marqué du signe *hai*[265] ; aussi dit-on de ce mois qu'il est foncièrement Yin.

十月陰雖用事,而陰不孤立,此月純陰,疑於無陽,故謂之陽月,詩人所謂"日月陽止"者也.四月陽雖用事,而陽不獨存,此月純陽,疑於無陰,故亦謂之陰月.

自十月已後,陽氣始生於地下,漸冉流散,故言息也,陰氣轉收,故言消也.日夜滋生,遂至四月,純陽用事.自四月已後,陰氣始生於天上,漸冉流散,故云息也,陽氣轉收,故言消也.日夜滋生,遂至十月,純陰用事.二月、八月,陰陽正等,無多少也.以此推移,無有差慝.

266. Citation d'un vers du poème « Le Poirier sauvage » dans la partie « Xiaoya », I, Chant 9, du *Classique des poèmes*. Dans ce poème, ce vers veut dire que le dixième mois est arrivé.

267. La question posée par le ministre est pour Dong Zhongshu, maître incontesté de la doctrine politique des présages et de la pensée Yin-Yang sous les Han, prétexte à exposer ses vues sur le mouvement d'alternance du Yin et du Yang en rapport avec le cycle des saisons. Selon lui, et à l'appui de spéculations cosmologiques fondées sur le *Classique des mutations*, le Yang entame sa phase d'expansion au dixième mois de l'année (premier mois de l'hiver) pour atteindre son maximum six mois plus tard, au quatrième mois (premier mois de l'été) ; et tandis que le Yang entre alors dans sa phase de résorption, le Yin de son côté entame sa phase d'expansion pour atteindre son maximum, là aussi six mois plus tard, au dixième mois. La perplexité du

« Même si le Yin domine en ce dixième mois, il n'est pas seul ; aussi, pour éviter toute méprise sur ce point, on considère ce mois, qui est pourtant le mois du "Yin pur", comme étant un mois Yang, à la manière du poète qui a dit : "Le Yang du Soleil et de la Lune s'arrête[266]." Au quatrième mois, bien que le Yang domine, il ne subsiste pas seul ; là aussi, pour éviter toute méprise, on considère ce mois, qui est pourtant celui du "Yang pur", comme un mois Yin[267].

« À partir du dixième mois, l'énergie Yang commence à se manifester dans les tréfonds, elle se diffuse peu à peu et on dit alors qu'elle est en phase d'expansion, tandis que l'énergie Yin qui, dans le même temps, se rétracte est dite en phase de résorption. Cette tendance s'amplifie en suivant le cours des jours et des nuits et, arrivé au quatrième mois, le Yang pur entre en action. C'est alors que l'énergie Yin commence à se manifester dans les hauteurs azurées et, se diffusant peu à peu vers le bas, entre dans sa phase d'expansion tandis que l'énergie Yang à l'inverse se rétracte et entame sa phase de résorption. Cette tendance s'amplifie en suivant le cours des jours et des nuits et, au dixième mois, c'est le Yin pur qui entre en action. Au deuxième et au huitième mois, période des équinoxes, le Yin et le Yang sont à égalité sans que l'un ne prédomine sur l'autre. Tel est le cycle immuable des fluctuations saisonnières du Yin et du Yang.

ministre provient du fait que, curieusement, le début de la période d'expansion du Yin prend effet au quatrième mois tenu pour être celui du « Yang pur » (*chunyang* 純陽) et que, parallèlement, le début de la période d'expansion du Yang prend effet au dixième mois considéré comme celui du « Yin pur » (*chunyin* 純陰). La perplexité du ministre est d'autant plus fondée que, selon les théories calendaires en vigueur sous les Han, le cycle d'expansion du Yang ne commence pas au dixième mais au onzième mois, le jour du solstice d'hiver (22 décembre) ; de même, le cycle d'expansion du Yin ne commence pas au quatrième mais au cinquième mois, le jour du solstice d'été (21 juin). Dong Zhongshu se fait l'écho de ces théories plus loin dans l'anecdote : voir la notule suivante. (Marc Kalinowski a remanié et annoté la traduction de cette notule 118.)

運動抑揚，更相動薄，則熏蒿歊蒸，而風雨雲霧，雷電雪雹生焉.氣上薄為雨，下薄為霧，風其噫也，雲其氣也，雷其相擊之聲也，電其相擊之光也.二氣之初蒸也，若有若無，若實若虛，若方若圓.攢聚相合，其體稍重，故雨乘虛而墜.風多則合速，故雨大而疏.風少則合遲，故雨細而密.其寒月則雨凝於上，體尚輕微，而因風相襲，故成雪焉.寒有高下，上暖下寒，則上合為大雨，下凝為冰霰雪是也.雹，霰之流也，陰氣暴上，雨則凝結成雹焉.

太平之世，則風不鳴條，開甲散萌而已；雨不破塊，潤葉津莖而已；雷不驚人，號令啓發而已；電不眩目，宣示光耀而已；霧不塞望，浸淫被泊而已；雪不封條，凌殄毒害而已.雲則五色而為慶，三色而成矞；露則結味而成甘，結潤而成膏.此聖人

« Dans leur mouvement d'alternance entre le haut et le bas, les flux saisonniers s'affrontent et provoquent des bouillonnements qui engendrent le vent, la pluie, les nuages, la brume, le tonnerre, les éclairs, la neige et la grêle. Quand l'énergie Yin s'élève, se forme la pluie ; quand l'énergie Yang descend, se forme le brouillard. Le vent est la respiration du Yin et du Yang, les nuages en sont les émanations, le tonnerre est le bruit causé par leur choc, et l'éclair la lumière engendrée par leur affrontement. Quand les énergies du Yin et du Yang commencent seulement à bouillonner, on se demande si elles existent ou non, si ce sont des réalités pleines ou vides, comme si elles étaient à la fois carrées et rondes. Lorsqu'elles se rassemblent, leur corps prend un peu de poids, et la pluie alors tombe en profitant du vide. Lorsqu'il y a beaucoup de vent, la vitesse de leur union s'accroît et les gouttes de pluie grossissent et s'espacent. Lorsque le vent est faible, la vitesse de leur union ralentit et la pluie devient fine et serrée. Pendant les mois froids, la pluie se congèle en haut et, étant légère et petite, dès que le vent souffle, elle devient neige : le froid étant plus ou moins intense, lorsque le ciel est chaud et la terre froide, l'union du Yin et du Yang en haut provoque une grande pluie, qui en tombant se congèle et donne les flocons de neige. La grêle est de même nature que ces flocons de glace qui précèdent la neige : l'énergie Yin s'élevant soudain, la pluie se congèle et devient grêle.

« Aux époques de Grande Paix, le vent ne fait pas hurler les branches, mais permet aux graines et aux bourgeons d'éclore ; la pluie ne fait pas éclater la terre et ne fait que mouiller les feuilles et les tiges ; le tonnerre, sans effrayer les hommes, ne fait que rappeler la nature à l'ordre, l'éclair éclaire sans aveugler ; le brouillard humidifie le sol sans cacher la vue ; la neige détruit les parasites sans tuer les plantes ; les nuages multicolores sont des signes fastes et, tricolores, de très bon augure ; la rosée prend un goût suave et devient sucrée et, quand elle gèle, elle a la consistance d'un onguent. Les sages

之在上,則陰陽和,風雨時也.政多紕繆,則陰陽不調.風發屋,雨溢河,雪至牛目,雹殺驢馬,此皆陰陽相蕩,而為祲沴之妖也.»

敞曰:«四月無陰,十月無陽,何以明陰不孤立,陽不獨存邪?»仲舒曰:«陰陽雖異,而所資一氣也.陽用事,此則氣為陽;陰用事,此則氣為陰.陰陽之時雖異,而二體常存.猶如一鼎之水,而未加火,純陰也;加火極熱,純陽也.純陽則無陰,息火水寒,則更陰矣;純陰則無陽,加火水熱,則更陽矣.然則建巳之月為純陽,不容都無復陰也,但是陽家用事,陽氣之極耳.薺麦枯,由陰殺也.建亥之月為純陰,不容都無復陽也,但是陰家用事,陰氣之極耳.薺麦始生,由陽升也.其著者,葶藶死於盛

étant au pouvoir, le Yin et le Yang sont en harmonie, les pluies et les vents suivent le cours des saisons. Mais il suffit que le gouvernement s'égare pour que le Yin et le Yang ne vibrent plus à l'unisson, que le vent détruise les maisons, que la pluie fasse déborder les fleuves, que la neige aveugle les bœufs et que la grêle décime les ânes et les chevaux. Tous ces désordres sont des mauvais présages qui résultent de nuisances mutuelles entre le Yin et le Yang. »

— « Si au quatrième mois il n'y a pas de Yin et au dixième pas de Yang, comment vérifier le fait que le Yin et le Yang n'existent pas indépendamment l'un de l'autre ? » s'enquit Bao Chang. A quoi Dong Zhongshu répondit : « Tout en étant différents, Yin et Yang forment une seule et même énergie. Lorsque le Yang domine, cette énergie est Yang ; lorsque le Yin domine, elle est Yin. Leurs périodicités diffèrent, mais leurs substances coexistent en permanence. Prenons l'exemple d'un chaudron empli d'eau : tant qu'il n'y a pas de feu, l'eau peut être qualifiée de Yin pur ; mais pour peu qu'on allume un feu sous le chaudron, l'eau se met à bouillir et devient purement Yang. Dans cette situation il n'y a effectivement pas de Yin, mais éteignez le feu et l'eau se refroidira et redeviendra Yin. Il suffit alors que vous rallumiez le feu pour que l'eau s'échauffe à nouveau et que le Yin pur retrouve son état Yang. De même, le quatrième mois a beau être purement Yang, l'influence du Yin ne peut avoir entièrement disparu : c'est seulement que le Yang domine et atteint son point culminant, mais c'est aussi la période de l'année où la bourse à pasteur et la châtaigne d'eau se fanent sous l'action destructrice du Yin. On peut en dire autant du Yin pur au dixième mois qui ne peut que faire place au retour du Yang : bien que le Yin alors domine et arrive à son point culminant, la bourse à pasteur et la châtaigne d'eau n'en sortent pas moins de terre sous la poussée du Yang. La passerage meurt en plein été alors que le tussilage fleurit durant les froids hivernaux ; l'eau est Yin par excellence et pourtant il y a des sources chaudes, rien n'est plus Yang que le

夏,欵冬華於嚴寒,水極陰而有温泉,火至陽而有涼焰. 故知陰不得無陽,陽不容都無陰也. »

敞曰 : « 冬雨必暖,夏雨必涼,何也 ? » 曰 : « 冬氣多寒,陽氣自上躋,故人得其暖,而上蒸成雪矣. 夏氣多暖,陰氣自下昇,故人得其涼,而上蒸成雨矣. » 敞曰 : « 雨既陰陽相蒸,四月純陽,十月純陰,斯則無二氣相薄,則不雨乎 ? » 曰 : « 然則純陽純陰,雖在四月十月,但月中之一日耳. » 敞曰 : « 月中何日 ? » 曰 : « 純陽用事,未夏至一日 ; 純陰用事,未冬至一日. 朔旦、夏至、冬至,其正氣也. » 敞曰 : « 然則未至一日,其不雨乎 ? » 曰 : « 然. 頗有之,則妖也. 和氣之中,自生災沴,能使陰陽改節,暖涼失度. » 敞曰 : « 災沴之氣,其常存邪 ? » 曰 : « 無也,時生耳. 猶乎人四支五臟,中也有時,及其

268. Puisque, sous les Han, les mois contenant les solstices sont nécessairement le cinquième pour celui d'été et le onzième pour celui d'hiver (voir la notule précédente), l'argument est difficilement recevable et, si le texte n'est pas corrompu, force est de reconnaître à Dong Zhongshu un talent certain pour emporter l'assentiment de ses interlocuteurs. En ce qui concerne la fin de la phrase, signalons que le maître fait allusion au comput calendaire qui fixait le point d'origine du cycle luni-solaire à l'aube du jour qui était à la fois le premier d'une lunaison et celui du passage du soleil au solstice d'hiver (22 décembre), c'est-à-dire en théorie tous les dix-neuf ans (cycle de Méton).

feu et pourtant il y a des étincelles froides : voilà à l'évidence les phénomènes par lesquels nous savons que le Yin ne peut exister sans Yang et le Yang sans Yin. »

— « Pourquoi, quand il pleut, faut-il qu'il fasse doux en hiver et frais en été ? » continua Bao Chang. — « Le souffle est en hiver principalement froid, répartit Dong Zhongshu, mais comme les flux Yang situés en haut commencent à descendre, les hommes en éprouvent une sensation de douceur alors même qu'en haut un bouillonnement de flux saisonniers engendre la neige. En été, le souffle est généralement chaud, mais comme les flux Yin situés en bas commencent à remonter, les hommes en éprouvent une sensation de fraîcheur alors même qu'en haut un bouillonnement de flux saisonniers produit la pluie. » — « Si, comme vous le prétendez, la pluie résulte d'une interaction entre le Yin et le Yang, comment se fait-il qu'il pleuve au quatrième et au huitième mois puisque ces mois sont l'un purement Yang l'autre purement Yin et ne peuvent manifestement pas s'affronter l'un à l'autre ? » — « Bien que le quatrième mois soit purement Yang et le dixième purement Yin, cela ne vaut que pour un seul jour de ces mois. » — « Lequel ? » — « Le Yang pur entre en action la veille du solstice d'été et le Yin pur la veille du solstice d'hiver, mais c'est quand les solstices coïncident avec le matin du premier jour du mois que le Yin et le Yang sont véritablement purs[268]. » — « Voulez-vous dire qu'il ne pleut jamais la veille du jour des solstices ? » — « Oui, répondit Dong Zhongshu. Toutefois, s'il arrive qu'il pleuve, cela ne présage rien de bon. Une influence délétère s'étant introduite d'elle-même au sein de l'harmonie naturelle entre le Yin et le Yang, ceux-ci s'écartent des normes saisonnières et occasionnent des perturbations du chaud et du froid. — « Cette influence délétère dure-t-elle longtemps ? » — « Non ! Elle ne dure qu'un temps. C'est comme pour les quatre membres et les cinq viscères des humains : eux aussi sont soumis à des fluctuations périodiques et il suffit qu'un mal affecte l'un

病也,四支五臟皆病也. » 敞遷延負牆,俛揖而退,

119. 武帝時,郭舍人善投壺,以竹為矢,不用棘也. 古之投壺,取中而不求還,故實小豆於中,惡其矢躍而出也. 郭舍人則激矢令還,一矢百餘反,謂之為驍. 言如博之豎梟於掌中,為驍傑也. 每為武帝投壺,輒賜金帛.

120. 武帝以象牙為簟,賜李夫人.

121. 賈誼在長沙,鵩鳥集其承塵. 長沙俗以鵩鳥至人家,主人死. 誼作 « 鵩鳥賦 », 齊死生,等榮辱,以遣憂累焉.

122. 李廣與兄弟共獵於冥山之北,見卧虎焉. 射之,一矢即斃. 斷其髑髏以為枕,示服猛也. 鑄銅象

269. Sur le rapport entre saisons et rôle du Yin et du Yang, voir Claude Larre et Elisabeth Rochat de La Vallée, *Assaisonner les esprits, texte, présentation, traduction et commentaire du Su Wen, chapitre 2*, 2 fasc., Paris, Institut Ricci, 1984.

270. Bouffon favori de l'empereur Wu.

271. Jeu d'adresse où il fallait lancer des flèches et les faire retomber dans un vase, ou dans ses anses s'il en comportait.

272. Sans doute un coup de dés qui assurait la victoire au jeu de *liubo*, sorte de jeu de jacquet : voir la notule 108.

d'eux pour que la maladie s'étende à l'ensemble du corps. » Bao Chang recula et, adossé au mur, se prosterna devant le maître et se retira[269].

119. Sous l'empereur Wu, Guo Sheren[270] excellait à lancer les flèches dans le col d'un vase[271]. Ses flèches étaient en bambou et non en jujubier. Jadis il fallait seulement réussir à les faire tomber dans l'ouverture d'un vase sans qu'elles ressortent. On remplissait donc le vase de pois pour qu'elles ne rebondissent pas en dehors. Mais les flèches lancées par Guo Sheren rebondissaient hors du vase. Lorsqu'elles ressortaient plus de cent fois, ce coup était appelé « l'intrépide », de la même manière qu'au jeu de jacquet, celui qui s'assure le coup du hibou est appelé « l'impétueux »[272]. Chaque fois que Guo Sheren jouait au lancer de flèches devant l'empereur Wu, celui-ci lui donnait de l'or et du brocart.

120. L'empereur Wu fit faire une natte en ivoire et l'offrit à sa favorite dame Li[273].

121. Lorsque Jia Yi[274] était à Changsha, une chouette vint se loger dans son plafond. Selon les habitants de la ville, si une chouette pénétrait dans une demeure, cela signifiait que le maître de maison allait mourir. Jia Yi composa alors le poème en prose *La Chouette*, sur la mort et la vie, la déchéance et la gloire, qui finalement reviennent au même, afin d'écarter l'emprise de la tristesse.

122. Li Guang[275] chassait avec ses frères sur le versant nord du mont Ming quand il aperçut un tigre couché. Il le visa et le tua d'une seule flèche. Il découpa son crâne et en fit un repose-tête pour montrer qu'il dominait les bêtes sauvages, et il fit faire un tigre en bronze comme pot de chambre pour

273.* L'empereur Wu et la dame Li apparaissent aussi dans la notule 48.

274. Voir la notule 97.

275. Célèbre général qui remporta des victoires sur les Xiongnu, mais en 119 avant J.-C., devant rejoindre le général Wei Qing, il se perdit en route et arriva après la bataille. Encourant un châtiment, il se suicida de honte. Sa biographie figure dans l'*Histoire des Han*, *juan* 54.

其形為溲器,示厭辱之也.他日,復獵於冥山之陽,又見卧虎,射之,沒矢飲羽.進而視之,乃石也,其形類虎.退而更射,鏃破簳折而石不傷.

余嘗以問楊子雲,子雲曰:« 至誠則金石為開. » 余應之曰:« 昔人有遊東海者,既而風惡,船漂不能制,船隨風浪,莫知所之.一日一夜,得至一孤洲,其侶歡然.下石植纜,登洲煮食.食未熟而洲沒,在船者斫斷其纜,船復漂蕩.向者孤洲乃大魚,怒掉揚鬣,吸波吐浪而去,疾如風雲.在洲死者十餘人.又余所知陳縞,質木人也.入終南山采薪,還晚,趨舍未至,見張丞相墓前石馬,謂為鹿也,即以斧撾之,斧缺柯折,石馬不傷.此二者亦至誠也,卒有沉溺缺斧之事,何金石之所感偏乎?» 子雲無以應余.

276. Voir la notule 42.

277.* Selon ce dicton, mis de manière assez paradoxale dans la bouche de Yang Xiong, par ailleurs peu enclin à disserter sur ce type de théorie, une volonté sincère peut émouvoir jusqu'aux pierres et au métal.

278.* Personnage inconnu par ailleurs.

279. Il y eut deux Premiers ministres Zhang : Zhang Yu 張禹 sous l'empereur Cheng, mais sa tombe était au nord-ouest de Xianyang ; il doit donc s'agir de Zhang Cang 張倉, qui fut Premier ministre sous l'empereur Wen.

montrer qu'il les écrasait et les méprisait. Un autre jour, il retourna chasser, cette fois sur le versant sud du mont Ming, et vit de nouveau un tigre couché. Il le visa et sa flèche ainsi que son empennage s'enfoncèrent complètement dans l'animal. Il s'approcha et regarda : c'était un rocher dont la forme ressemblait à un tigre. Il recula et de nouveau visa : la pointe en fer ainsi que l'empennage se brisèrent sans que la pierre n'ait été entamée.

J'interrogeai Yang Xiong[276] sur ce phénomène et il me répondit : « Quand la volonté est parfaitement sincère, même le métal et la pierre peuvent s'ouvrir[277]. — Autrefois, rétorquai-je, des hommes naviguant sur la mer de l'Est subirent un vent mauvais. Le bateau devint ingouvernable et fut entraîné par le vent et les vagues sans que les passagers ne se rendissent compte où ils allaient. Au bout d'un jour et d'une nuit, ils arrivèrent à un îlot isolé, et tous les passagers se réjouirent. Ils firent descendre l'ancre en pierre, attachèrent le bateau avec un câble, puis montèrent sur l'îlot et préparèrent à manger. La nourriture n'était pas encore cuite que l'îlot sombra. Ceux qui étaient sur le bateau coupèrent le câble et l'embarcation de nouveau flotta. Cet îlot était en fait un énorme poisson qui, de colère, avait plongé en dressant ses nageoires. Sa respiration crachant des vagues, il était parti aussi rapide que des nuages dans le vent. Plus de dix hommes restés sur l'îlot moururent. Je connaissais un homme nommé Chen Gao[278] qui était parfaitement honnête. Parti sur le mont Zhongnan ramasser du bois mort, en rentrant le soir, avant d'arriver chez lui, il vit un cheval en pierre devant le tombeau du Premier ministre Zhang[279]. Il le prit pour un cerf et le frappa de sa hache, le fer en fut brisé et le manche se cassa sans que le cheval de pierre ne fût abîmé. Dans ces deux incidents, la volonté des hommes fut parfaitement sincère, mais il n'en résulta pas moins que les uns sombrèrent et que l'autre brisa sa hache. Comment se pourrait-il que la pierre et le métal réagissent à la sincérité ! » Yang Xiong ne sut me répondre.

卷第六

123. 魯恭王得文木一枚, 伐以為器, 意甚玩之. 中山王為賦曰 : « 麗木離披, 生彼高崖. 拂天河而布葉, 横日路而擢枝. 幼雛羸鷇, 單雄寡鶩, 紛紜翔集, 嘈嗷鳴啼. 載重雪而梢勁風, 將等歲於二儀. 巧匠不識, 王子見知. 乃命班爾, 載斧伐斯, 隱若天崩, 豁如地裂. 華葉分披, 條枝摧折. 既剝既刊, 見其文章. 或如龍盤虎踞, 復似鸞集鳳翔. 青緺紫綬, 環璧珪璋. 重山累嶂, 連波疊浪. 奔電屯雲, 薄霧濃雰. 麚宗驥旅, 鷄族雉群. 蠋繡鴦錦, 蓮藻芰文. 色比金而有裕, 質參玉而無分. 裁為用器, 曲直舒卷, 修竹映池, 高松植巘. 制為樂器, 婉轉蟠紆, 鳳將九子, 龍導五駒. 制為屏風, 鬱茀穹隆. 制為杖几, 極麗窮美. 制為枕案, 文章璀璨, 彪炳渙

280. Sur ce prince, voir la notule 59.

281. Liu Sheng 劉勝, prince Jing 靖 de Zhongshan, frère cadet du prince Gong de Lu.

282. Voir la notule 97.

Livre VI

123. Le prince Gong de Lu[280] reçut un ébénier. Il le fit découper pour en faire des objets, car il adorait ce bois. Le prince de Zhongshan[281] composa un poème en prose sur cet arbre : « Bel arbre aux branches touffues qui pousse sur les pentes élevées, il cache la Voie lactée de ses feuilles étalées et barre la route du soleil de ses branches qui s'étirent. Des oisillons y attendent la becquée, le mâle et la femelle arrivent tous deux en volant, pépiant et chantant. Ses branches résistent au poids de la neige et bravent les vents forts. Cet arbre peut vivre aussi longtemps que le ciel et la terre. Aux artisans, qui ignoraient cet arbre, le prince le fit connaître et ordonna aux disciples de Lu Ban et Wang Er[282] de le débiter avec leur hache. Sous leurs coups, on aurait dit que le ciel s'écroulait et la terre se fendait. Les feuilles et les fleurs jonchaient le sol, les branches étaient élaguées. Après avoir été coupé et raboté, le bois fit paraître ses différentes veines : elles évoquaient un dragon lové, un tigre accroupi, un vol de phénix, des rubans foncés, des bagues, des ronds, des tablettes de jade, un massif montagneux, une succession de vagues, un éclair, des volutes de nuages, des brouillards épais, des brumes légères, un troupeau de chevaux, une harde de cerfs, des groupes de poules ou de faisans, des broderies de papillons ou de canards mandarins, des dessins de lotus ou de châtaignes d'eau. La couleur du bois était encore plus belle que celle de l'or et sa matière valait celle du jade. Lorsqu'il fut taillé pour créer des objets, suivant qu'il s'agissait de parties droites ou incurvées, on aurait dit des bambous se reflétant dans un lac ou de hauts sapins se dressant sur des cimes. En fait-on des instruments de musique aux formes rondes et incurvées, le son ressemble à celui d'un phénix et de ses neuf fils, à celui d'un dragon entraînant cinq attelages. En fait-on des paravents, on dirait de longues chaînes de montagnes. En fait-on des cannes ou des tables, elles sont

汗. 製為盤盂, 采玩蜘躕. 猗歟君子, 其樂只且!»

恭王大悅, 顧盼而笑, 賜駿馬二匹.

124. 廣川王去疾, 好聚亡賴少年, 遊獵畢弋無度, 國內冢藏, 一皆發掘. 余所知爰猛, 說其大父為廣川王中尉, 每諫王不聽, 病免歸家. 說王所發掘冢墓不可勝數, 其奇異者百數焉. 為余說十許事, 今記之如左.

125. 魏襄王冢, 皆以文石為槨, 高八尺許, 廣狹容四十人. 以手捫槨, 滑液如新. 中有石牀、石屏風, 宛然周正. 不見棺柩明器蹤跡, 但牀上有玉唾壺一枚、銅劍二枚. 金玉雜具, 皆如新物, 王取服之.

126. 哀王冢, 以鐵灌其上, 穿鑿三日乃開. 有黃氣如霧, 觸人鼻目, 皆辛苦不可入. 以兵守之, 七日

283. Petit-fils de Liu Yue 劉越, prince Hui de Guangchuan et frère aîné de l'empereur Wu. D'après l'*Histoire des Han*, *juan* 53, son nom était Qu 去 et non Quji 去疾 comme dans le texte : *ji*疾 est sans doute un caractère ajouté par erreur. Le fief de Guangchuan était situé dans l'actuelle province du Hebei. Ce prince aimait le jeu et il était aussi érudit que cruel. Il finit par être condamné et se suicida.

284.* Personnage inconnu par ailleurs.

285. Un royaume de l'époque des Royaumes combattants. Le roi Xiang a régné de 318 à 296 avant J.-C.

286.* Soit environ 2 mètres.

d'une beauté insurpassable. En fait-on des appuie-têtes ou des consoles, les teintes en sont merveilleuses et la décoration fort jolie. En fait-on des vasques ou des plats, ils conviennent parfaitement à leur usage. Ah ! prince, quel bonheur ! » Le prince Gong, ravi, sourit en regardant tout autour de lui et fit cadeau à son frère de deux chevaux rapides.

124. Le prince Qu de Guangchuan[283] aimait rassembler des groupes de jeunes vauriens, chasser avec eux sans aucune retenue et piller toutes les tombes dans le pays. Yuan Meng[284], que je connaissais, m'a dit que son grand-père, chargé de la sécurité dans la principauté, s'était retiré chez lui sous prétexte de maladie, car il n'était jamais écouté lorsqu'il critiquait le prince. Il lui racontait que le nombre de tombes pillées par ce prince était incalculable, et que le nombre d'objets merveilleux (volés à ces occasions) se montait à plus de cent. Yuan Meng me parla d'une dizaine de cas, que je note ci-après.

125. Le cercueil extérieur du tombeau du roi Xiang de Wei[285] était en pierre veinée, il était haut de plus de huit pieds[286] et assez large pour contenir quarante personnes. Quand on en caressait les parois, elles étaient aussi lisses que si elles étaient neuves. À l'intérieur, il y avait un lit et un paravent, tous deux en pierre et en parfait état, mais aucune trace d'objets funéraires[287] sauf, sur le lit, un crachoir en jade, deux épées en bronze et quelques objets en or ou en jade, tous également en parfait état. Le prince se les appropria.

126. Sur la tombe du roi Ai[288] avait été coulé du fer et il fallut trois jours pour percer ce revêtement. Il y avait à l'intérieur une vapeur jaune comme de la brume qui attaquait le nez et les yeux, et qui était si âcre que personne ne pouvait entrer. Le prince fit garder la tombe et, au bout de sept jours,

287. Il s'agit ici de répliques (*mingqi* 明器) ou de modèles réduits d'objets de la vie quotidienne, de gardes et de serviteurs en bois ou en faïence, déposés dans les tombes pour le service du mort.

288. Roi du royaume de Wei, fils du roi Xiang, qui régna de 296 à 274 avant J.-C.

乃歇. 初至一戶, 無扃鑰. 石牀方四尺, 牀上有石几, 左右各三石人立侍, 皆武冠帶劍. 復入一戶, 石扉有關鑰, 叩開, 見棺柩, 黑光照人, 刀斫不入, 燒鋸截之, 乃漆雜兕革為棺, 厚數寸, 累積十餘重, 力不能開, 乃止. 復入一戶, 亦石扉, 開鑰得石牀, 方七尺. 石屏風銅帳鏁一具, 或在牀上, 或在地下, 似是帳糜朽, 而銅鏁墮落牀上. 石枕一枚, 塵埃朏朏, 甚高, 似是衣服. 牀左右石婦人各二十, 悉皆立侍, 或有執巾櫛鏡鑷之, 象或有執盤奉食之形. 無餘異物, 但有鐵鏡數百枚.

127. 魏王子且渠冢, 甚淺狹, 無棺柩, 但有石牀, 廣六尺, 長一丈, 石屏風, 牀下悉是雲母. 牀上兩屍, 一男一女, 皆年二十許, 俱東首, 裸臥無衣衾, 肌膚顏色

289.* Soit presque 1 mètre.
290.* Soit 1,60 m.

cette vapeur se dissipa. Après une première porte, qui n'était pas verrouillée, il y avait un lit en pierre de quatre pieds[289] de côté sur lequel était posée une table basse, et près de lui trois gardes debout en pierre portant une coiffe de soldat et une épée à la ceinture. Après avoir ouvert une deuxième porte, celle-ci verrouillée, on voyait un cercueil d'un noir brillant. Ce fut en vain qu'on essaya de l'ouvrir à coups de hache. Il fallut une scie chauffée pour l'entamer, mais il s'avéra que ce cercueil était fait de peau de bête mêlée à de la laque d'une épaisseur de plusieurs pouces, sur plus d'une dizaine de couches et, aucune force ne parvenant à l'ouvrir, on abandonna. Après avoir déverrouillé une autre porte en pierre, on découvrit un lit de pierre de plus de sept pieds de côté[290], un paravent également en pierre avec des crochets à rideau en bronze et, sur le lit et par terre, ce qui semblait du tissu décomposé, sans doute tombé des crochets en bronze. Sur le lit, il y avait un appuie-tête en pierre et une épaisse couche de poussière qui semblait être les vestiges de vêtements. De part et d'autre du lit se tenaient les statues en pierre de vingt servantes, certaines représentées tenant une serviette, un peigne, une pince à épiler ou encore un miroir, d'autres tenant un plateau comme pour servir de la nourriture. Il n'y avait pas d'autres objets étranges, sauf plusieurs centaines de miroirs en fer.

127. La tombe de Qiequ[291], fils d'un roi de Wei, était peu profonde et étroite. Il n'y avait pas de cercueil, mais un lit en pierre de six pieds de large et une toise de long[292], un paravent en pierre et du mica partout au pied du lit. Sur le lit, gisaient deux cadavres, un homme et une femme d'une vingtaine d'années, tous deux la tête tournée vers l'est, couchés nus, sans aucun vêtement. Leur peau et le teint de leur visage étaient

291. Aucun fils d'un roi de Wei portant ce nom n'est mentionné par ailleurs.
292.* Soit environ 1,40 m de large et 2,30 m de long.

如生人,鬢髮齒爪亦如生人.王畏懼之,不敢侵近,還擁閉如舊焉.

128. 袁盎冢,以瓦為棺椁,器物都無,唯有銅鏡一枚.

129. 晉靈公冢,甚瑰壯,四角皆以石為玃犬捧燭,石人男女四十餘,皆立侍,棺器無復形兆,屍猶不壞,孔竅中皆有金玉.其餘器物皆朽爛不可別,唯玉蟾蜍一枚,大如拳,腹空,容五合水,光潤如新,王取以盛書滴.

130. 幽王冢,甚高壯,羨門既開,皆是石堊,撥除丈餘深,乃得雲母,深尺餘,見百餘屍,蹤橫相枕藉,皆不朽,唯一男子,餘皆女子,或坐或臥,亦猶有立者,衣服形色不異生人.

293. Dignitaire connu pour sa franchise qui vécut sous les empereurs Wen et Jing. Il fut assassiné sur ordre du prince Xiao de Liang pour s'être opposé à ce qu'il devienne dauphin. Sa biographie figure dans l'*Histoire des Han*, *juan* 49.

294. Le duc Ling régna de 620 à 607 avant J.-C. et resta célèbre pour sa cruauté et ses débauches racontées dans les *Mémoires historiques*.

ceux de vivants, tout comme leurs cheveux, leurs ongles et leurs dents. Le prince prit peur, n'osa pas s'approcher et fit refermer la tombe comme elle était.

128. La tombe de Yuan Ang[293] contenait un cercueil de terre cuite et nul autre objet qu'un miroir en bronze.

129. La tombe du duc Ling du royaume de Jin[294] était très imposante. Aux quatre coins, des représentations de chiens et de singes tenaient des lampes et il y avait en outre plus de quarante personnages en pierre, hommes et femmes, debout, prêts à servir. Les objets funéraires à l'intérieur du cercueil étaient devenus méconnaissables, mais le cadavre était encore en bon état. Ses orifices étaient bouchés par de l'or et du jade. Tout le reste était si pourri qu'il était impossible d'y reconnaître quoi que ce soit, sauf un crapaud en jade gros comme le poing dont le ventre était creux et pouvait contenir cinq *ke* de liquide[295]. Il brillait encore comme s'il était neuf, le prince le prit donc pour en faire un encrier[296].

130. La tombe de l'empereur You[297] était imposante. La porte de la tombe une fois ouverte, c'était partout de la terre blanche. Après avoir creusé à plus d'une toise[298] de profondeur, on tomba sur une couche d'au moins un pied[299] de mica. Apparurent alors plus de cent cadavres, appuyés les uns contre les autres dans tous les sens. Aucun n'était pourri. Un seul était celui d'un homme, tous les autres étaient ceux de femmes, certaines assises ou allongés, d'autres même encore debout. Leurs habits et leur apparence ne différaient en rien des vivants.

295.* 10 centilitres.

296. En fait un récipient pour l'eau que l'on mélange à la poudre d'encre broyée sur une pierre.

297. Dernier empereur de la dynastie des Zhou occidentaux, qui régna de 781 à 771 avant J.-C.

298.* Plus de 2,30 m.

299.* 23,1 cm.

131. 欒書冢,棺柩明器朽爛無餘. 有一白狐,見人驚走,左右遂擊之,不能得,傷其左腳. 其夕,王夢一丈夫,鬚眉盡白,來謂王曰 : « 何故傷吾左腳 ? » 乃以杖叩王左腳. 王覺,腳腫痛生瘡,至死不差.

132. 太液池中有鳴鶴舟、容與舟、清曠舟、採菱舟、越女舟.

133. 太液池西有一池,名孤樹池. 池中有洲,洲上煔樹一株,六十餘圍,望之重重如蓋,故取為名.

134. 昆明池中有戈船、樓船各數百艘. 樓船上建樓櫓,戈船上建戈矛,四角悉垂幡旄,旍葆麾蓋,照灼涯涘. 余少時猶憶見之.

135. 韓嫣以玳瑁為牀.

300. Dignitaire du royaume de Jin, dont il assura la puissance en vainquant les royaumes de Zheng et de Chu. Il fit ensuite assassiner le duc Li, souverain du royaume de Jin, et mit sur le trône le duc Dao. Il mourut en 573 avant J.-C.

301. Voir la notule 12.

131. Dans la tombe de Luan Shu[300], le cercueil et les objets funéraires étaient si décomposés qu'il n'en restait rien. Un renard blanc, en voyant des gens arriver, s'enfuit, effrayé. Des hommes de l'entourage du prince le poursuivirent pour le frapper, mais ne purent l'attraper et ne parvinrent qu'à le blesser à la patte gauche. Ce soir-là, le prince vit en rêve un homme à la barbe et aux sourcils blancs s'approcher et lui dire : « Pourquoi m'avez-vous blessé au pied gauche ? » Alors, avec sa canne, il frappa le pied gauche du prince. Quand le prince se réveilla, ce pied était enflé, le faisait souffrir, et apparut un ulcère dont il ne put jamais guérir.

132. Sur le lac Taiye[301] sont amarrés les bateaux *Cri des grues*, *Tolérance*, *Étendue claire*, *Cueillette des châtaignes d'eau*, *Filles de Yue*.

133. À l'ouest du lac Taiye se trouve un autre lac, appelé lac de l'Arbre solitaire. Sur un îlot au milieu de ce lac, se dresse un pin si large qu'il faut plus de soixante hommes pour encercler son tronc et que, levant les yeux, on croirait voir un immense parasol. D'où le nom de ce lac.

134. Au milieu du lac Kunming, il y avait plusieurs centaines de bateaux de guerre et plusieurs centaines de bateaux à tour de garde. Sur ces bateaux à tour de garde était bâtie une tour d'observation ; quant aux bateaux de guerre, ils portaient hallebardes et lances, et, aux quatre coins, étaient accrochés des drapeaux et des oriflammes en plumes, qui resplendissaient au bord de l'eau. Je me souviens les avoir encore vus quand j'étais enfant.

135. Han Yan[302] se fit fabriquer un lit en écaille.

302. Favori de l'empereur Wu. Par son orgueil et ses débauches, il provoqua la colère de l'impératrice douairière qui le força à se suicider : voir la notule 95.

136. 漢承周史官,至武帝置太史公.太史公司馬談,世為太史,子遷,年十三,使乘傳行天下,求古諸侯史記,續孔子古文,序世事,作傳百三十卷,五十萬字.談死,子遷以世官復為太史公,位在丞相下.天下上計,先上太史公,副上丞相.太史公序事如古«春秋»法,司馬氏本古周史佚後也.作«景帝本紀»,極言其短及武帝之過,帝怒而削去之.後坐舉李陵,陵降匈奴,下遷蠶室.有怨言,下獄死.宣帝以其官為令,行太史公文書事而已,不復用其子孫.

137. 皇太子官稱家臣,動作稱從.

303. La tradition considère que Confucius est l'auteur des *Annales des printemps et automnes* (*Chunqiu*) du pays de Lu, qui rapportent les faits de 721 à 481 avant J.-C.

304. Il s'agit bien évidemment des *Mémoires historiques*. Le dernier chapitre de l'ouvrage est une autobiographie de Sima Qian. D'après ce chapitre, Sima Qian ne serait pas mort en prison après sa castration ; gracié en 96, il aurait achevé son livre en 91. La date de sa mort demeure incertaine (vers 87 av. J.-C.). Voir la notule 96.

305. Scribe légendaire de la dynastie des Zhou, il est cité plusieurs fois dans le *Commentaire Zuo* aux *Annales* et Confucius le tenait en haute estime.

306. En 99 avant J.-C., le général Li Ling avait dû se rendre après une défense héroïque.

136. La dynastie Han poursuivit la tradition des scribes annalistes de la dynastie Zhou et l'empereur Wu conféra à Sima Tan le titre de Duc Grand Annaliste. Celui-ci descendait d'une illustre famille d'annalistes. Son fils Sima Qian, à l'âge de treize ans, fut envoyé parcourir l'empire pour recueillir les notes de scribes concernant les seigneurs de l'Antiquité. Il reprit les textes anciens de Confucius[303] et, en suivant l'ordre chronologique, composa un ouvrage en cent trente chapitres comprenant cinq cent mille caractères[304]. À la mort de Sima Tan, son fils lui succéda à la charge de Grand Annaliste, qui était en dessous de celle de Premier ministre. Quand les fonctionnaires locaux de l'empire envoyaient leurs rapports, ceux-ci lui étaient néanmoins soumis avant de l'être au Premier ministre. Le Grand Annaliste poursuivit l'ancienne méthode des *Annales des printemps et automnes* et sa famille s'inscrivait dans la lignée du vénérable annaliste Yi des Zhou[305]. Lorsqu'il composa le chapitre sur l'empereur Jing dans la partie concernant les souverains Han, il décrivit ouvertement ses défauts et, ensuite, les erreurs de l'empereur Wu. Ce dernier, en colère, le destitua. Accusé pour avoir défendu Li Ling quand celui-ci se rendit aux Xiongnu[306], il fut envoyé dans la salle aux Cocons[307] et, comme il protestait, il fut mis en prison, où il mourut. Sous l'empereur Xuan, le titre de Duc Grand Annaliste fut changé en Préfet Grand Annaliste[308]. Des fonctions du Grand Annaliste, il ne remplissait plus que celle de secrétaire et la charge ne fut plus transmise de père en fils.

137. Les fonctionnaires chargés du dauphin impérial s'appelaient « les vassaux de la famille » et leurs activités « celles qui venaient après[309] ».

307. Dans cette salle, était pratiquée la castration et y étaient gardés les instruments nécessaires.

308. La modification portait sur la désignation honorifique précédent le titre lui-même : *Taishi gong* 公 (Duc Grand Annaliste) jusqu'à l'empereur Xuan, et *Taishi ling* 令 (Préfet Grand Annaliste) ensuite.

309. C'est-à-dire celles qui venaient après le service de l'empereur.

138. 杜陵秋胡者,能通«尚書»,善為古隸字,為翟公所禮,欲以兄女妻之. 或曰:«秋胡已經娶而失禮,妻遂溺死,不可妻也.» 馳象曰:«昔魯人秋胡,娶妻三月而遊宦三年,休,還家,其婦採桑於郊,胡至郊而不識其妻也,見而悅之,乃遺黃金一鎰. 妻曰:“妾有夫,遊宦不返,幽閨獨處,三年于茲,未有被辱如今日也.” 採不顧. 胡慚而退,至家,問家人妻何在,曰:“行採桑於郊,未返.” 既還,乃向所挑之婦也. 夫妻並慚. 妻赴沂水而死. 今之秋胡,非昔之秋胡也. 昔魯有兩曾參,趙有兩毛遂. 南曾參殺人見捕,人以告北曾參母. 野人毛遂墜

310. Situé au sud-ouest de Chang'an.

311. Le *lishu* ancien signifie maintenant le style officiel des dynasties Qin et Han, par opposition au *lishu* postérieur des Trois Royaumes et des Wei, mais ici il signifie celui des Qin par opposition au style contemporain des Han.

312. Officier de la garde mentionné dans la biographie de Ji An dans l'*Histoire des Han*, *juan* 50.

313. Cette histoire du Qiu Hu de l'Antiquité fut reprise dans des ballades populaires, mais, dans cette nouvelle version, après le moment de gêne pour Qiu Hu et la colère de sa femme pour son manque de fidélité, la mère de Qiu Hu réconcilie le couple.

138. Qiu Hu de Duling[310] était capable de comprendre le *Classique des documents* et excellait dans la calligraphie de style officiel ancien[311]. Il était respecté par Maître Zhe[312], qui voulait le marier avec la fille de son frère aîné. Certains dirent : « Un nommé Qiu Hu après s'être marié alla à l'encontre des rites, et sa femme se suicida en se noyant. Vous ne devriez pas donner votre fille à un Qiu Hu. » Chi Xiang intervint : « Jadis au royaume de Lu, vivait en effet un homme appelé Qiu Hu. Après trois mois de mariage, il partit occuper un poste pendant trois ans. Ayant obtenu un congé, il revint chez lui. Sa femme cueillait alors des feuilles de mûrier dans la campagne. Quand Qiu Hu arriva dans les environs, ne reconnaissant pas sa femme, il la trouva à son goût et lui offrit vingt taëls d'or. "Mon mari est parti au loin exercer une charge et j'attends son retour, lui dit son épouse (qui elle non plus ne le reconnut pas) ; depuis trois ans que je vis seule au fond du gynécée, je n'ai encore jamais subi un tel affront." Et elle continua à cueillir des feuilles de mûrier. Qiu Hu se retira, tout honteux. À son arrivée chez lui, il demanda où était sa femme. On lui répondit qu'elle était allée dans la campagne cueillir des feuilles de mûrier et qu'elle n'était pas encore rentrée. Quand elle arriva, il s'aperçut que c'était la femme qu'il avait voulu séduire. Elle eut si honte qu'elle alla se jeter dans la rivière et mourut[313].

« Le Qiu Hu d'aujourd'hui n'est pas celui d'hier dont vous parlez. Jadis, dans le royaume de Lu, il y avait deux Zeng Shen et, dans celui de Zhao, deux Mao Sui. Le Zeng Shen du Sud tua quelqu'un et fut arrêté, et on en informa la mère du Zeng Shen du Nord[314]. Un Mao Sui qui était un paysan se tua en tombant dans un puits. On l'annonça au seigneur de

314. Zeng Shen (505-436 av. J.-C.) était un disciple de Confucius. Par deux fois on vint dire à sa mère qu'il avait tué quelqu'un sans qu'elle le crût, mais la troisième fois, elle finit par le croire alors qu'en fait l'assassin était un homme portant le même nom. Cette anecdote est rapportée dans *Intrigues des Royaumes combattants* (*Zhanguo ce*).

井而死，客以告平原君，平原君曰："嗟乎，天喪予矣！"既而知野人毛遂，非平原君客也．豈得以昔之秋胡失禮，而絕婚今之秋胡哉？物固亦有似之而非者．玉之未理者為璞，死鼠未腊者亦為璞；月之旦為朔，車之輈亦謂之朔，名齊實異，所宜辨也．»

Pingyuan, qui s'écria : "Quelle tragédie ! Le Ciel m'inflige ce deuil." Puis il comprit que c'était un paysan et non la personne de son entourage qui portait le même nom[315]. Comment peut-on, parce qu'un Qiu Hu a autrefois enfreint les rites, refuser un mariage au Qiu Hu d'aujourd'hui ! Il y a des choses qui se ressemblent, mais ne sont pas les mêmes. Le caractère 璞 *pu* désigne le jade non poli mais aussi de la viande de souris qui n'est pas encore sèche[316]. Le caractère *shuo* 朔 désigne le premier jour du mois mais aussi le timon d'un char. Les noms sont identiques, mais la réalité qu'ils recouvrent est différente, c'est pourquoi il convient de faire des distinctions. »

315. Le seigneur de Pingyuan, mort en 251 avant J.-C., dont la biographie figure dans les *Mémoires historiques* de Sima Qian, était le frère cadet du roi Huiwen du royaume de Zhao. Il était célèbre pour s'être entouré d'une cour de trois mille personnes, dont faisait partie Mao Sui. Celui-ci s'était recommandé lui-même au duc pour aller persuader le roi de Chu de s'allier au royaume de Zhao contre celui de Qin.

316. Voir les *Intrigues des Royaumes combattants*, « Intrigues de Qin » 秦策 : « Les hommes de Zheng désignent le jade brut par le terme de *pu* 璞, les hommes de Zhou quant à eux désignent la viande de souris non séchée par le terme de *pu* 樸. Un homme de Zhou portant contre son sein du *pu* passa devant un marchand du royaume de Zheng et lui demanda s'il désirait acheter son *pu*. Le marchand de Zheng lui répondit : "Bien sûr." L'homme de Zhou sortit alors son *pu*, l'homme de Zheng le vit : c'était de la souris. Il déclina donc la proposition. »

葛洪,〈西京雜記跋〉

洪家世有劉子駿《漢書》一百卷, 無首尾題目, 但以甲乙丙丁紀其卷數. 先父傳之. 歆欲撰《漢書》, 編錄漢事, 未得締構而亡, 故書無宗本, 止雜記而已, 失前後之次, 無事類之辨. 後好事者以意次第之, 始甲終癸為十帙, 帙十卷, 合為百卷. 洪家具有其書, 試以此記考校班固所作, 殆是全取劉書, 有小異同耳. 并固所不取, 不過二

* Traduction de Béatrice L'Haridon.

317. Si aucune *Histoire des Han* de Liu Xin n'a été transmise à la postérité, plusieurs sources viennent corroborer l'existence possible de cette œuvre, notamment un passage de la « Biographie de Ban Biao » (le père de Ban Gu), où il est dit que plusieurs compilations historiques furent rédigées après la mort de Sima Qian, dont l'une est attribuée à Liu Xin par les commentateurs : « À l'époque de Wudi, Sima Qian rédigea le *Shiji*. Puis pour l'époque qui suivit l'ère Taichu (104-100 av. J.-C.), les faits cessèrent d'être consignés ou le furent de manière lacunaire. Enfin, certains hommes de bonne volonté (Le commentaire de Li Xian 李賢 de la dynastie Tang

Postface de Ge Hong 葛洪 (283-343)*

Ma famille possédait depuis des générations cent *juan* d'une *Histoire des Han* de Liu Xin[317]. Le manuscrit qui m'a été transmis par mon défunt père n'avait ni début ni fin, et les *juan* ne présentaient aucun titre. Ils étaient seulement numérotés. [À l'origine,] Liu Xin souhaitait composer une *Histoire des Han* rassemblant et gardant en mémoire les événements de cette époque, mais il disparut avant d'avoir pu lui donner une structure. Aussi son texte ne présentait-il aucune ligne directrice, ce n'étaient que des notes diverses. On perdait le fil de la chronologie et aucune catégorie distincte n'apparaissait. Plus tard, des hommes de bonne volonté arrangèrent le manuscrit selon leur idée et c'est alors que furent rassemblés des volumes numérotés de *jia* à *kui*, chaque volume comprenant dix *juan*, ce qui faisait un total de cent *juan*. C'est ce manuscrit que ma famille possédait au complet. J'ai tenté de collationner ce texte avec l'œuvre de Ban Gu et il s'avéra que celui-ci avait presque entièrement repris le texte de Liu [Xin], avec de menues

précise que l'expression "hommes de bonne volonté" désigne entre autres Yang Xiong, Liu Xin et Chu Shaosun 褚少孫 [vers 104-30 av. J.-C.]) rassemblèrent les faits de leur époque, mais leur travail fut souvent insuffisant et indigne de constituer la suite de ce texte [le *Shiji*]. » (Voir *Hou Han shu* 後漢書, *juan* 40A, p. 1324). Le nombre de *juan*, identique à celui de l'*Histoire des Han* de Ban Gu, semble douteux, car bien d'autres lettrés de la fin des Han antérieurs compilèrent également des documents historiques. Le titre de l'ouvrage est également problématique. Ban Biao lui-même n'avait pas encore « inventé » le titre *Histoire des Han* (*Hanshu*) mais avait donné à son œuvre le titre de *Hou zhuan* 後傳.

萬許言. 今抄出為二卷, 名日《西京雜記》, 以裨《漢書》之闕. 爾後洪家遭火, 書籍都盡, 此兩卷在洪巾箱中, 常以自隨, 故得猶在. 劉歆所記, 世人希有, 縱復有者, 多不備足. 見其首尾參錯, 前後倒亂, 亦不知何書, 罕能全錄. 恐年代稍久, 歆所撰遂沒, 并洪家此書二卷不知出所, 故序之云爾. 洪家復有《漢武帝禁中起居注》一卷,《漢武故事》二卷, 世人希有之者. 今并五卷為一帙, 庶免淪沒焉.

variantes. Ce que Ban Gu n'avait pas retenu représentait un peu plus de vingt mille caractères[318]. Je les ai donc extraits et copiés pour composer deux *juan*[319], en donnant à cet ouvrage le titre de *Notes diverses sur la capitale de l'Ouest*, afin de compléter les lacunes de l'*Histoire des Han*. Plus tard, ma résidence fut détruite par un incendie et ma bibliothèque réduite en cendres. Comme ces deux *juan* se trouvaient dans une malle qui me suivait partout, ils échappèrent aux flammes. Les notes de Liu Xin étaient très peu diffusées et les quelques personnes qui les possèdent n'en ont pas une version complète. Devant ce manuscrit sans queue ni tête, complètement en désordre, ils ne savent de quel texte il s'agit, et rares sont ceux à même de le transmettre complètement. Ainsi donc, craignant qu'avant longtemps l'œuvre de Liu Xin ne soit oubliée, et comme nul ne sait d'où proviennent ces deux *juan*, j'ai composé cette postface. Ma famille possédait également deux autres manuscrits rares, les *Commentaires sur la vie privée de l'empereur Wu des Han* en un *juan* et les *Récits de l'époque de l'empereur Wu des Han*. J'ai rassemblé tous ces textes en un volume de cinq *juan*, ce qui j'espère les sauvera de l'oubli.

318. C'est-à-dire la longueur du *Xijing zaji* tel qu'il nous a été transmis.

319. La présentation du texte en six *juan* résulte d'une subdivision tardive : voir l'introduction.

INDEX DES NOMS DE PERSONNES

INDEX DES LIEUX

TABLE DES MATIÈRES

Ce volume,
le vingt-deuxième de la collection
« Bibliothèque Chinoise »,
publié aux Éditions Les Belles Lettres,
a été achevé d'imprimer en mars 2016
sur les presses de
la Nouvelle Imprimerie Laballery,
58500 Clamecy

Dépôt légal : avril 2016
N° d'édition : 8259 - N° d'impression : 603023